主编　凌翔

当代作家精品・纪实文学

温度与厚度

李萍　著

文化发展出版社
Cultural Development Press

图书在版编目（CIP）数据

温度与厚度 / 李萍著 . — 北京：文化发展出版社，2021.1

ISBN 978-7-5142-3261-5

Ⅰ. ①温… Ⅱ. ①李… Ⅲ. ①先进工作者－先进事迹－临夏回族自治州－现代 Ⅳ. ① K820.842.2

中国版本图书馆 CIP 数据核字（2020）第 259539 号

温度与厚度

李萍 著

责任编辑：孙 烨

出版发行：文化发展出版社（北京市翠微路 2 号 邮编：100036）

网　　址：www.wenhuafazhan.com

经　　销：各地新华书店

印　　刷：三河市金元印装有限公司

开　　本：710mm × 1000mm 1/16

字　　数：200 千字

印　　张：16.25

印　　次：2021 年 3 月第 1 版　　2021 年 3 月第 1 次印刷

定　　价：59.80 元

I S B N：978-7-5142-3261-5

目录

毛员外的中国梦	001
幸福的使者张学财	038
在大爱中彰显人生价值的马宁	079
追光逐影的胡兆萱	123
铿锵玫瑰张燕燕与她的金果果	146
灵魂的低语或倾听（代后记）	249

毛员外的中国梦

每个人都有梦想，每个中国人都有自己的中国梦。作为追梦人，我们都在为了实现梦想而努力奋斗着、加油干着，精雕细琢着自己的梦，都在为人生的壮美而努力。

毛兴文老先生是临夏大地上令众人尊敬的追梦人，他的中国梦如一朵河州的紫斑牡丹，盛开着光阴的故事，讲述着岁月的美好与时光的灿然。

毛先生的中国梦与走遍祖国的山山水水无关，不是饱览史书行吟万里，也不是茶余饭后溜达颐养天年，更不是把酒话桑麻回忆前尘往事。他的中国梦与青砖有关，与一把刻刀雕出的艺术——砖雕息息相关！

因为毛先生的砖雕梦，所以在临夏的砖雕业界，他是德高望重之人；因为毛先生退休之后钟情砖雕事业，所以他在临夏在甘肃乃至全国赫赫有名，他是临夏砖雕的爱好者、守护者和发扬者。毛先生精雕细琢的人生，如线装本的散文诗，他的青砖雕刻艺术彰显着临夏非物质文化遗产的悠远和唯美。

为了做砖雕的追梦人，毛先生的晚年生活在热爱砖雕、收藏精品砖雕作品、宣传砖雕，为临夏砖雕产业的发展和传承及神韵砖雕公司忙碌中度过，为自己的老年芳华镀上金色的光芒，在首届全国砖雕大赛上，他和神韵砖雕公司获得八项大奖。他因获得杰出贡献奖，成为被大家敬仰、学习的公众人物。

毛先生是一位富态之人，他有着弥勒佛一般的笑容，爽朗的笑与待人接物的豁达，令与他初次见面者不仅没有局促感，反而有亲切感与亲近感，不由得会与他交谈，听他讲述，请教他关于砖雕及感兴趣的问题。

老先生有个大家喜欢的称呼——毛员外，是一位因砖雕而与他相识相交的外地朋友丁述学先生取的名，大家觉得他名副其实，也觉得唯有他可以胜任。喜欢喊他毛员外，而他也欣然接受，转眼十几年。

那是 2006 年秋高气爽的一天，丁述学先生作为甘肃省榆中县时任政协副主席、县文化馆馆长，特意邀请了西北师大美术系教授、敦煌研究院研究员廖国柱等一行人，到临夏州考察砖雕产业，慕名去毛兴文老人家欣赏被称为件件皆为精品的砖雕作品。在毛先生家里，他们无比惊叹，一个劲地赞美，仔细欣赏，而丁述学主席一一评鉴后，脱口对毛先生说“临夏砖雕的精品都在你这里，看看这个大院子，看看这些精雕细刻的作品，你就是一个十足的员外！”

大家一听，一点没错，都说的确是个员外，毛兴文老人一听哈哈大笑。自此毛员外之名便广为流传。丁述学主席与毛员外成为好朋友，常常相互学习交流，共同为砖雕产业的发展贡献他们的力量。

毛员外有多个称呼，除毛老爷子、毛厂长、毛董事长、毛会长、毛主任外，还有毛巴（巴巴是临夏方言，指叔叔）和大大（方言，指伯伯），他一点也不介意怎么称呼他，所以很多人在场时，对他的称呼甚多，喜欢怎么称呼就怎么称呼。他似乎没有烦忧，始终微笑着，脸上不曾有沧桑之感，给人以平和、安稳的印象。或许，他保持不老的原因是由于他为梦想而努力前行，没有时间和精力去在乎岁月的流逝，一心沉潜于砖雕，把对人生况味的理解诠释在砖雕艺术上，心无旁骛，纯粹与率真地一心为实现自己的“中国梦”忙得不亦乐乎，乐此不疲。

毛员外是优秀的追梦人，他实现了他的砖雕梦，实现了属于自己的“中国梦”。老人的砖雕梦有三，而提起他的追梦之路，还要从毛员外退休之后说起……

2004 年，毛员外告老还乡，自此可以轻松打发每一天，看看书，写写书法，品品小酒，不再忙碌是很惬意的事。

回首过去，从 1963 年走上工作岗位，毛员外学过会计、当过秘书，又在基层任过职，无论任乡镇党委书记、州人大财经委主任，还是临夏神韵砖雕公司董事长、临夏州砖雕艺术协会会长，一路行来，他作为有抱负、有梦想、有独立见解的文化人，他的人生信条依然未变，他的热爱他的执着他的豁达他的内敛他的情怀，他读取生活的心性与心境，他的饱览诗书和他的丰富阅历与眼界，可以拍成一部纪录片回忆或讲述。

然而，毛员外退休后数月不到，他便再度上岗，做追梦人、创业者，为临夏砖雕的抢救、传承、保护、发展，深入临夏砖雕的历史研究，加大传统文化元素的融合，加快临夏砖雕文化事业的发展，展示砖雕文化、讲好临夏故事写下了浓墨重彩的一笔，在临夏州被命名为“中国砖雕文化之乡”“砖雕文化培训基地”的过程中贡献了他的力量，为砖雕文化的美美之美镀上金色。

十年一晃而过，十年转瞬即逝，弹指间，毛员外的中国梦闪烁着艺术的光彩，奔放而又灿烂！

步入老家，步子轻快

开启与砖雕的一世情缘

当时光在打磨一切时，一座雕刻在青砖上的城市——临夏，浅吟低唱在四季的轮回里，河州砖雕的花朵开放在时间的长河里，吟唱着优美的歌谣，在千年的演变中，虽沐浴风雨，虽然那些砖块默然无语，然而其气质能告知我们关于苍老关于阅历关于缄默关于承受，以及其主人内心的世界。

风与阳光修饰的一切里，被堪称一绝的砖雕，在一样的墙壁、一样的鹅卵石路、一样的民风里，如掉落的一枚硬币，深深烙在历史的印记之中，朴素，华美又壮观。在东公馆、榆巴巴寺或其他砖雕唯美的空间，端详那些砖雕作品，或许会质疑：青砖上的记忆会淡化吗？那些砖雕老艺人，他们曾经挥汗如雨，在一块块精挑细选的青砖上描摹勾画，而后一刀一刀，用心刻上去。

时间在砖雕上凝固，历史就在那一刻写成。

建筑是凝固的音乐，而砖雕则是这一凝固音乐中最美妙、最动人、最充满意境与情感的旋律和乐章。

生活的忙碌，生活的丰富多彩，生活的琳琅满目，生活的细枝末节，处处闪现着岁月雕琢的印迹。提及砖雕，毛员外侃侃而谈：“以高温煅烧的泥土坯胎，经过金属刀锋，成千上万次精心雕琢，模拟自然万象以点缀宫廷宅院、装衬普通民居，是中华文化独有的建筑装饰艺术。一刀一锋中尽显雕刻者的思想与审美，一花一叶间寄托着居住者的生存哲学和理想诉求……泥土烧制的一块块青砖，因为中国人的巧手妙思，变得质朴而绚烂至极、实用又意蕴丰富。”

作品《淡泊》图

提及毛员外，很多

人与他的相识缘于砖雕。十年前，毛员外组织十几位临夏本土的作家、诗人开展的砖雕采风活动，不仅参观了砖雕与木雕浑然天成的古朴又溢满现代色彩的他的老家，还去兰州榆中、青海循化领略砖雕艺术在生活中渗透的美。三天的所见所闻，大家了解到他对砖雕的痴迷，他感动于退休后因砖雕梦而创业的精神，感动于他所做的一切，对他肃然起敬。

毛员外的家在临夏市城郊镇的毛园村，一座满院生香的宅院因为家里的砖雕作品，很多年来接受着省内外专家、学者、教授的注目和夸赞，关于砖雕的点点滴滴，温暖并点亮着毛员外的晚年时光。

院外有翠绿的爬山虎铺陈浓绿，院内有榆叶梅、牡丹、芍药，是一个花团锦簇的天地，用温润衬托着青砖的厚重，让一个赋予砖雕大美的小院鹤立鸡群。

大门开启，左侧的名曰《淡泊》图，荷叶之下的莲蓬与荷叶之上的荷花，疏密有间，蜻蜓与翠鸟一大一小，轻盈与沉稳，相得益彰。细看之下，只见花朵或含苞欲放，或灿烂盛开，莲蓬籽粒饱满，荷叶脉络分明，都那般逼真。

正中影壁上的《松鹤朝阳》的砖雕作品，逼真，灵动，只见山峦厚重，波涛翻滚，祥云蒸腾，群鹤振翅，牡丹灿然，很是大气。

《淡泊》与《松鹤朝阳》图彰显了毛员外艺术追求的高雅，而拱门上的“清进”与“淡出”的题铭，便是他对人生的态度，又是那么淡然与豁达。拱门雕琢着玲珑剔透的葡萄与梅花，而左侧墙壁上镌刻着一幅隶书诗卷，内容是唐代诗人张九龄的《感遇》：兰叶春葳蕤，桂华秋皎洁。欣欣此生意，自尔为佳节。谁知林栖者，闻风坐相悦。草木有本心，何求美人折！诗暗合了毛员外的恬淡、豁达与从容，他的胸襟、

讲述张九龄的《感遇》诗作

荣获“中国砖雕非遗传承杰出贡献奖”（左二）

情怀及他的草木之心。

作为一位有抱负有梦想有独立见解的文化人，毛员外对于地域文化的传承发展，有他的方式。他对于河州“花儿”里的“白牡丹白者耀人哩，红牡丹红者破哩”的“破”字颇有见解，他说他思谋了很长时间，终于理解那是人们对自己心境关闭已久、寓情于物的一种释放。

许多人说，毛员外不仅是临夏砖雕的爱好者、守护者，而且是饱览诗书、把精深的文化内涵深嵌在青砖的发扬者，十年前参加砖雕采风活动的何珂老师，在他的文章中这样写道：

我从观看砖雕转而揣摩这位古稀老人。

初夏四月的阳光，从他家攀墙正打花苞的七里香藤架上漏下，跳跃在他皱纹细密的胖圆脸上，星星点点，泛出入道很深的智慧的光。

他胖墩墩的身材挪动着，不时敞怀发出响亮的笑声，引我们进屋穿廊尽赏他每一幅堪称精品的砖雕。那份满足，那份惬意，那份深奥，俨然是一位造诣很深的画师在向我们授课。

我知道，临夏砖雕，历史久远，源远流长，宋代时就趋于成熟，而今在全国也占鳌头。但绝没有想到，这传统的技艺竟然精深在这一户农家小院，和他那一副弥勒佛般的笑容……

其实，毛员外成为砖雕的发烧友，是在他快退休的那几年。因为工作关系，他时常陪同来临夏考察的外地客人，去参观东公馆、榆巴巴寺、大拱北、红园等处的砖雕。一次次的参观，一次次面对青砖上盛开的艺术，一次次对童年生活的回忆，让他对砖雕渐渐痴迷。

上班时忙忙碌碌，退休赋闲在家，含饴弄孙，舞文弄墨，可以自由支配时间，可以享受天伦之乐，幸福不言而喻。可是，毛员外恰恰相反，他比退休前更忙，忙着筹划翻修自己的老宅。

毛员外的翻修可谓“工程浩大”，他要求不低，既然翻修，就要翻修出特色与精气神，布局、格调都要精益求精。然而一般人的设计他看不上，最后他自己上阵了，因为他在书画方面颇有天赋，因此，一则发挥特长自行设计，二则随心随意自行布局，尽可能力求完美，用具有临夏元素的砖雕和木雕做装饰，把具有艺术性和生命力的花草虫鱼雕刻在青砖上，呈现在他的生活里。

设计没问题，可是让他犯愁的是，他找不到符合他的标准和要求的技艺高超的砖雕匠人，去雕刻符合他要求的作品。

虽然犯愁，毛员外也不肯降低标准和要求。他是一位心气很高的人，他不喜欢将就，所以在选定中意的砖雕图样的过程中，四处打听、找寻、筛选砖雕大师。一次次筛选之后，他的目光锁定在榆巴巴寺的两幅博古架造型的砖雕作品，无论设计还是雕刻技艺，均是上乘之作，其精美令他心生欢喜。而他打听到那些精品出自一位沈师傅之手。

因为选定了心仪的图样，也对沈师傅的雕刻手艺甚是喜欢，毛员外很是欣慰，多日辛苦找寻有成绩，是值得高兴的。他便多方打听沈师傅的情况，家住哪里、拿了几年的刻刀、平日里也设计图样还是只是雕刻等等，他要掌握详细。然而，毛员外只打听到沈师傅家在临夏市南龙镇那一片，具体情况一概不知。

毛员外没有就此打退堂鼓，而是开始走巷串户，打问沈师傅，几天走访打听，没人知道有沈姓的砖雕师傅。他有一些小惆怅，但一闪即逝后，暗暗给自己鼓劲，坚持再坚持，多走访一些村子，一次不行两次，进行地毯式打听寻找。虽然努力，好几天又过去了，他都熟悉了那个村里有几棵古树几条巷道，依旧无一点收获，依旧不灰心，继续找寻。

正当毛员外一筹莫展时，他遇见了一位老大娘，向她打听沈师傅，打听雕刻砖雕的人。大娘淡淡地说她的儿子姓沈，有时候会在砖上刻花。那天，毛员外本不抱希望的，一听大娘那样说，他立即来了精神，跟着大娘步入她家院子，他的目光便被两块已雕好的青砖吸引，他暗暗吃惊，从图案到雕刻的线条等仔细端视之后，就断定他眼前的作品与自己心仪的榆巴巴寺的砖雕作品出自一人之手，是沈师傅的手艺。

踏破铁鞋无觅处，得来全不费工夫！毛员外喜出望外，他找到了所找之人，机缘与巧合让他与沈师傅的母亲相遇，让他站在沈师傅家的院子里。

那刻，毛员外安心了，他等沈师傅回家，和他见面。

那位砖雕师傅叫沈占伟，生于 1968 年，有艺术天赋，自幼喜欢画画，他的砖雕作品因为独创性而深受大家喜欢。当时，沈占伟和他的几位朋友正忙于创作参加国家建设部在京举办的国际性展览的砖雕展品。

榆中县平西龙王庙山门

有缘人是相见恨晚的，毛员外与沈占伟师傅一见如故，因为砖雕艺术，成了掏心窝子的朋友，自此携手，在他们的人生之路上开始抒写像散文诗一样优美的情谊与追求。

不久，毛员外翻修老宅的砖雕方案商定后，沈占伟找了几位他满意又信得过的雕刻师傅，开启一心为毛员外老宅院里大大小小砖雕作品的雕刻模式，从图样到雕刻及制作，一笔一笔，一刀一刀，把对砖雕手艺的敬畏，刻入毛员外的欢喜里。

雕刻那些作品时，毛员外会与沈占伟及时沟通，两人讨论雕刻手法，以及所雕图案的美感等等，他也引用清代李渔“眼界关乎心境，人欲活泼其心，先宜活泼其眼”的话语，对匠人们如何雕出好作品，如何让凝固的音乐具有神韵吸引人等方面真诚交流。

殊不知，当时毛员外说的“神韵”，后来居然成为他与沈占伟几人入股成立的砖雕公司的名字。

沈占伟与他的朋友不愧是砖雕高手，当年底全部雕刻完成了毛员外家要安装的所有作品。那些作品可谓都是精品中的精品，精雕细刻得美轮美奂，每一件都精美、精湛，每一件都栩栩如生，每一幅设计都具有古朴典雅之美。

跃然于墙的作品，毛员外异常喜欢，反复欣赏，尤其院中左右影壁墙上的砖雕博古架，更让人眼前一亮。花鸟虫鱼、法器、笔墨纸砚、石英钟、长命锁、蒲扇芭蕉扇、花篮花瓶、铜壶盖碗、钱币元宝、梳妆台座椅、佛珠铃铛、寿桃葡萄、龙凤蝙蝠、花架炉鼎等，雕刻得惟妙惟肖，万分逼真。方的圆的扁的，都把阴线刻、凹面线刻、凸面线刻、高浮雕、镂空式透雕，阴刻（刻画轮廓，如同绘画中的勾勒）、压地隐起的浅浮雕、深浮雕、镂雕、减地平雕等雕刻技法发挥得淋漓尽致，雕刻和镂空手法结合得完美无缺，或圆雕或半圆雕使其跃出画面的层次分明，立体感强，浮雕的部位和衬景，以及现实主义与浪漫主义相结合的创作手法，寄情于景，情景交融，浑然天成，汇集了临夏砖雕艺术的精华。

面对沈占伟精心雕刻的作品，毛员外每天欣赏，每次欣赏，总是喜上眉梢，欢喜难以言表，就在每天每次的欣赏中，他的心里埋下余生与砖雕不可分割的伏笔。

从那年秋天开始，毛员外的宅院也成为很多人拜谒、参观砖雕艺术作品的地方。2007 年初春，宁夏大学校长、党委书记陈育宁教授带领他的博士生，到临夏参观考察，不觉对他家的砖雕感叹：小小农家院，砖雕大观园。不仅如此，他还写了关于临夏砖雕的文章刊发在《民族日报》《黄河文学》等报刊上，尤其在那篇题为《临夏砖雕让人震撼》的文章里，对于他家的砖雕更是赞不绝口。

自此，毛员外在临夏砖雕的从业人中声名鹊起，而他喜欢砖雕的那份执念，也让沈占伟一样的砖雕师傅们心生敬意，成为知音。

毛员外的家庭幸福、美满、和谐，如那些他自己特意设计的砖雕作品，美好的寓意让美好的生活更美好，他和老伴的相濡以沫和相敬如宾，儿子儿媳们的孝顺团结和睦与事业有成的敬业，孙子孙女们的健康成长与学业有成，以及万事如意、富贵白头、子孙万代、四季平安、多子多福、安居乐业、富贵满堂、高洁清贞等，落笔在院中的青砖上。

神韵砖雕作品

作品《神通》图

向参观来访者介绍临夏砖雕

怀揣砖雕之梦再度上岗创业

砖雕作为一种集画、诗、书、印、雕为一体的综合性平面立体艺术，几乎涵盖了中国传统文学艺术的各个门类，具有极高的观赏价值与审美价值。砖雕在临夏历史悠久，从源于秦汉到宋金时期的日臻完善再到明清的成熟，乃至当代的兴盛，两千多年来，成为光阴故事里的主角之一，以浓郁的民族特色，古朴典雅的艺术魅力，出神入化的表现手法，成为河湟文化的主要代表之一。

临夏砖雕主要用于寺、庙、观、庵等宗教建筑和仿古楼堂馆所等公共建筑及传统民居建筑，寻常百姓家也都有砖雕作品做装饰，近年来兴起的文化广场、文化墙也大多运用砖雕。由于题材丰富多彩，多体现安居乐业、延年益寿、吉祥如意等文化内涵，而那些宗教建筑和公共建筑等有了砖雕作品的陪衬，显得富丽堂皇、古朴典雅，成为一个城市的名片。

毛员外与沈占伟，他们俩从砖雕结缘那刻起，携手让砖雕作品的艺术韵味十足，让砖雕艺术色彩斑斓，精彩纷呈。

或许，毛员外压根就没有想到，因为他收拾老家而认识了沈占伟，因为在家的墙壁上有自己喜欢的砖雕作品而使得他的生活与砖雕息息相关。

就在沈占伟等人给毛员外雕刻他家宅院的作品时，美好的五月天，牡丹芳菲临夏大地的时节，国务院公布了第一批国家级非物质文化遗产名录，临夏砖雕名列其中。同年 8 月举办的临夏州成立 50 周年成就展上，主办方力邀毛员外组织一批临夏砖雕作品参展。毛员外没有推辞，并与沈占伟等一些砖雕师傅商定了参展作品内容。经过一番独具匠心的创作，参展作品首次亮相便受到社会各界的好评，博得了满堂喝彩，青砖上盛开的艺术从冰冷、薄凉转为温暖、敦厚。

州庆展上博得掌声与赞誉的砖雕作品，接着又参加了在同年8月下旬甘肃省举办的“绚丽甘肃 精品陇原”展览，依旧一路备受瞩目，又被省里有关部门推荐参展第100届广交会。

毛员外记得很清楚，10月15日，广交会开幕仪式盛典结束后，国家领导人温家宝、吴仪、张德江、张高丽等走进展馆，意想不到的是临夏砖雕居然率先吸引了温家宝总理的眼光。温总理发现砖雕展品，惊喜地说了句：“砖雕！砖雕！”吴仪副总理肯定地说：“那是临夏砖雕，临夏砖雕历史悠久，也很有名。”温总理闻之，驻足，仔细观赏，频频点头，还不时询问参展工作人员相关的问题。

那一场景被各大新闻媒体竞相报道，使临夏砖雕在全省乃至全国家喻户晓。

那一刻，毛员外欣喜若狂。他原本想就此停歇的想法有些动摇，是见好就收，还是乘势而上迎接更大的挑战，他难以选择。就在他举棋不定，面对现实难以作出抉择而犹豫不定时，时任临夏州人大常委会副主任包景荣同志满怀热情地鼓励和支持他，让他继续迎接挑战。如此，他冷静思考，思虑再三后选择了后者……

因为包景荣的支持和鼓励，因为有砖雕手艺人沈占伟等人，因为砖雕的艺术魅力，毛员外成为怀揣砖雕之梦再度上岗的创业者。

俗话说，近朱者赤，气场相同的人，都会相互吸引和影响。对毛员外而言，先是沈占伟，后是包景荣，都是因为砖雕而成为人生舞台上的赢家。

原本对砖雕情有独钟，修缮老家又与一些砖雕大师结缘，而几次作为砖雕代表参展又获得了殊荣之后，他一发不可收拾，将生活与砖雕紧紧联系在一起，忙起了砖雕艺术与产业。

毛员外有句话说：人活一世，要活出精神。

事实上，无论是他家的砖雕作品还是公司的砖雕产品，都是有精气神的；公司的每一位雕刻师或员工，都是精神抖擞的，他们每天接触的是刻刀与青砖，他们每天所从事的看似枯燥又让刻刀下的大千世界琳琅满目而充实。

时光也在雕刻着每一个人，雕刻着毛员外的每一天，也雕刻着他的挚友包景荣的鼓励支持的美好。他们的友情，几个男人之间的友情，在相互欣赏的岁月里，相互的崇敬之情也被雕刻得分外生动！

在雕刻的国度里，毛员外与他的搭档们，与公司里的每一位雕刻师，都是各自的王，一把刻刀雕出精彩的人生况味，丰富着青砖的冰冷和厚重。

开启打造砖雕“航母”的辉煌之门

为了开启打造临夏砖雕“航母”的辉煌之门，十几年来，毛员外辛苦奔波，用三件事可以概括他有关砖雕的点点滴滴。

第一件事就是给时任临夏州委书记、州人大常委会主任王玺玉写信，他在信中建议州委、州政府重视发展临夏砖雕产业，以点带面地道出发展砖雕产业的缘由。他不是随兴而说，而是通过调研，从实际出发，阐明之所以发展砖雕产业，是因为砖雕的基本材料是临夏取之不尽用之不竭的，有遍地的黄土，加工工艺成熟，市场潜力巨大，一旦形成产业发展，既可传承发扬临夏传统文化，又可让黄土成金，还

作品《醒狮》图

作品《梅兰竹菊》图

第 101 届广交会展品《博古架》

解决成千上万人的劳动就业问题，可谓一举多得。

毛员外的信言辞诚恳，有理有据，把临夏适合发展砖雕产业的优势一一罗列。几天后，他不仅看到了王书记批示，还被王书记邀请参加临夏砖雕调研活动。那次调研之后，州上作出大力发展临夏砖雕特色产业的决定和规划，让临夏砖雕的历史从此翻开了崭新的一页。

2006年年底，筹资3万元注册登记，成立了临夏神韵砖雕有限公司，毛员外担任董事长，另外4位股东均成为公司经理。创业是艰难的，刚成立的神韵公司，包括毛员外在内的5位股东，每人出资6000元，合力起事。并不是五位股东都是财神，其中一位股东家境困难，无法拿出股金。毛员外便找熟人替他借了6000元，办好了公司手续。

公司创业之初，几位股东都没有一分钱的工资，可是工人们的工资分毫都没拖欠，还每年给他们发春秋两套工作装，都买了人身意外保险，让工人们没有后顾之忧，一直到2008年8月，公司所欠股东的工资才结清。

毛员外清楚地记得，公司掘得的第一桶金是丁述学带来的。

那是2006年秋，丁述学（甘肃省榆中县政协副主席）受兰州安宁庭院房地产开发商贾仲瑚之托，特意邀请廖国柱教授等一行到临夏考察，寻找心仪的砖雕作品，在家乡投资开发旅游业把龙王庙修建成西北地区的一大亮点需要砖雕精品。他们对毛员外家的砖雕一见倾心，也确定所需的砖雕产品就在临夏，双方达成意愿，当即签订合同，丁述学留下6万元的订金，提出他们需要的砖雕必须与毛员外家的精品相媲美。

6万元的订金，给了毛员外与沈占伟等几位股东极大的信心，也给了公司员工深切的希望。接了订单后，毛员外亲自参与设计，与沈

临夏市城郊镇祁家村民居

占伟和其他几名技艺过硬的工匠，加班加点，丝毫不敢懈怠，认真如期完成了让对方满意的作品。

龙王庙所需砖雕量大，大戏台的内外都要装饰砖雕。按投资者的意愿，建戏台不仅是一年唱几台戏，重要的是要通过临夏砖雕让游人们领略榆中的古往今来、民俗风情，通过临夏砖雕打出榆中的旅游名牌！第一期工程基本完工时，丁述学骄傲地向外界宣称：临夏砖雕的精品在榆中！

自此，公司的一件件产品，开始走向全国各地。

遥远的天山脚下，一个叫作昌吉的地方，神韵砖雕也熠熠生辉。州府所在地昌吉市四大家的综合办公楼，与临夏州的缘分除了别的，还有砖雕。题名《声闻于天》的砖雕作品，背景是浮雕的综合楼和昌吉人文景观，前景透雕 18 只腾飞的仙鹤，投影白雪皑皑的天山，向长天倾吐昌盛吉祥的心声；再现古城旧貌，浩瀚的戈壁隐隐托出一座古城楼，沧海桑田，历史在一种遥远中显得厚重。走进综合大楼，一楼大厅环墙装饰5幅砖雕作品，让人尽览昌吉州的历史沿革和发展前景。昌吉著名画家、设计者马仲强先生感叹：临夏的砖雕艺人，其精深的功夫让无语的青砖传神出了久蓄的情韵。神韵砖雕西走天山，缘于2008年4月，昌吉市谭市长带一行40人的考察团来临夏考察，看了砖雕对他震撼很大，回去后郑重决定：打造昌吉浓郁民族风情，引用临夏砖雕，并签订合同要在年底完成综合楼和回民小吃一条街的部分作品。那年，毛员外已经六十多岁了，因为他的身心都在公司的发展上，他拖着患有糖尿病的身子独自前往，火车上的颠簸没有影响他的精气神，一到昌吉顾不得舟车劳顿的辛苦投入工作，如期完工交付，使神韵砖雕产品在昌吉一展风采，获得赞誉，佳话连连，在塞外写下了浓墨重彩的生动一笔！

2009年初的一天，天津市北辰区天穆村农工商联合公司经理李明光带着天津市作协副主席、北辰区政协主席老魏和天津职业中专的时校长、北京古典建筑工程公司的张经理等人专程来到临夏考察，看到神韵公司的砖雕作品赞不绝口，并拿出全世界有名的15个清真寺和国内知名的10个清真寺的照片，表明他们在全国考察了很多厂家，唯有神韵公司的砖雕产品符合他们的要求。于是，与毛员外当场签订合同，提出先雕刻一组《天房》，等他们验收满意后再雕刻其余的24幅。毛员外与沈占伟等人欣然应允，答应依照合同标准和要求尽快雕刻好。接下来的日子里，公司的每个人尽心竭力，经过20天的认真雕刻，给再度来临夏亲自验收的李明光一行人呈上了神韵人自己都很满意的作品。作品的精雕细刻令天津人特别满意，验收率百分百，但是他们连连夸赞之余，提出所有的作品必须于2009年3月底要安装完工，接缝不能有丝毫的含糊，必须是细如头发的丝缝。

天津人对验收的满意和安装的高要求，让神韵公司的所有人喜忧参半，大家既喜又忧。但是看到毛员外依旧春风满面，依旧鼓励大家，并无忧色，担忧荡然无存，专心雕刻，作品没有受到丝毫的影响。其实，毛员外心底是有一些担忧的，虽说天津人的信任肯定了神韵的雕刻技艺，但是那样的高标准与高要求是前所未有的，对于神韵人不仅是挑战，也是宣传自己的好机会。去天津安装，接缝要细如发丝，不能有丝毫的含糊，精准度相当高，难免有压力。压力就是动力，为了不让大家有顾虑，他与往常一样，每天在车间转悠，一天天看着一块块青砖变成一件件精美的作品，不露声色地让担忧成为秘密。经过大家的齐心协力，加班加点，高标准的24幅作品，精雕细琢得可谓完美至极，毫无瑕疵，并依照要求，如期完成安装，让临夏大地上的神韵砖雕在天穆村绽放。

一切皆大欢喜。天津人异常喜欢，特别满意神韵作品的精湛技艺，也特别赞许毛员外一帮人的敬业精神。而毛员外为他们神韵公司、神韵砖雕在天津扬名而无比欣慰。

风载着临夏砖雕，载着神韵之美，走过3000多个日夜，10多年的发展历程中有艰辛、有波折、有欢乐，更多的是有成就感。

经过十多年奋力拼搏，神韵公司的滚动发展也成为神话。生产厂地由原来租用的400多平方米扩大到近2万多平方米，并改扩建了产品展览厅、设计室等，同时，先后培训50多名农家子弟为砖雕学徒，一批技术精湛、技艺高超的年轻后生成为神韵公司的生力军，年生产砖雕1000多平方米，砖雕艺术品1000多件，产值、利税都是令大家满意的。如今的神韵砖雕公司，是目前甘肃省唯一一家集砖雕产品开

神韵砖雕公司在临夏市八坊十三巷的砖雕作品

发、设计、制作、培训、安装为主要业务的传统工艺砖雕公司，不仅成了甘肃省文化30强企业和“三上”企业，也是国家级非物质文化遗产传承基地，在全国声名远扬、独树一帜，多次代表甘肃省参加第二届国际“非遗节”、上海世博会等国际、国内展会，并进行现场技艺展演活动，获得多项殊荣，为临夏人民争得了荣誉。

毛员外的搭档、故交——沈占伟，由一名名不见经传的砖雕艺人，也快速成长为省级“非遗”传承人、正高级砖雕艺术师、甘肃省工艺美术大师、甘肃省劳动技能大师、中国传统工艺大师，曾获2015年“全国劳动模范”称号，受到党中央、国务院表彰奖励；还有张全明、赵英才、张全光3位公司技术人员成为正高级砖雕艺术师、中国传统工艺大师，并在国际、国内展评中获得多项金、银奖。今天，神韵砖雕产品不仅遍布祖国大江南北，而且被北京民族文化宫博物馆、上海博物馆、宁夏博物馆、甘肃省陈列馆收藏，2015年10月又被国家非物质文化遗产博览园展示中心征集，永久性珍藏展出。继而，公司的6件砖雕作品远渡重洋，应邀在美国洛杉矶亚太艺术中心参加“中国传统工艺大师邀请展”……

成长的神韵砖雕公司，成长的砖雕大师，成长的砖雕事业，让更多的人对砖雕情有独钟。公司的100多名工人里的10多名残疾人，也在培养出来的一批批优秀技艺人才的行列。不仅如此，还带动30多家砖雕企业如雨后春笋般建起，使临夏州的砖雕产业链基本形成且方兴未艾，蓬勃发展。

如今，每天都有来自州内的或是省内外及国内各地的参观者，不分季节，他们欢喜的目光在神韵流连忘返，对毛员外为实现砖雕梦所做的一切，更是无比钦佩。不管谁去参观，毛员外总会抽空陪同他们走进公司的“文萃阁”，浏览《醒狮》《茶马互市》《大漠雄关》《一带一路》《丝绸之路》《万里长城》等大大小小的精品砖雕，欣赏那些在墀头、影壁、屋脊、门楼和博缝头上的佼佼者，注目那青砖上的花草鸟兽、山水、如意，他们对毛员外刮目相看，因为神韵弥补短板，大胆推陈出新四大名著里人物雕刻，《三顾茅庐》《黛玉读西厢》《三打白骨精》《大闹野猪林》等，超强的场面感及丰富的人物表情，栩栩如生，活灵活现。从“文萃阁”的件件精品中，可以看出神韵砖雕人的胸襟，也凸显出神韵公司的包容，徽州、苏州、天津、扬州等派著名大师的砖雕作品，也与临夏砖雕一起接受来访者的每一次检阅和注目礼。

进了车间，就能看到工人们在工作台前，各忙各的，打磨粗胚、构图雕画。就是在这个车间里，神韵公司的工匠们施展各自的才华，大胆创新，创作出一幅又一幅砖雕作品，一次又一次地惊艳了所有人的目光。

成为临夏市地标且在诸多媒介展示过美的八坊十三巷，其夺人眼球又令人惊讶的砖雕作品，每一幅都是小块青砖严丝合缝组合而成的，那巧夺天工的精美之作，都是神韵人汗滴的结晶，是在毛员外每天的注目里灵动起来的！

琴棋书画的艺术是相通的，砖雕亦不例外，在车间里，俗称“硬花活”的砖雕，在雕刻师们钻子、木敲手、磨头等原始工具的制作下，尽显了古典建筑中它独有的生动和细腻。雕刻师依照设计师的图样，在青砖上画图后，开始雕刻。每一个操作台的空间里，每一位雕刻师都是各自的王，手里的刻刀在一刀一刀赋予青砖生命时，他们的耳朵也不会闲着，有的在听说书，有的在听流行歌曲，有的听轻音乐，也有的雕刻师听的是器乐演奏，此外，还有听河州贤孝的，他们依照各自的喜好，把看似单调的工作调剂得当。

每一件砖雕作品是独一无二的，是不可复制的，即便是同一位大师的同一作品，还是会有细枝末节的差别，因为毛员外提倡雕刻师们自由发挥，即便画上的图样，在雕刻过程中还是有变化的，突如其来的灵感或是更完美的添加，注定了作品的独一无二。

这就是毛员外的高明之处，创新不是口号，是具体操作。

因为有宽松的雕刻环境，因为有可以发挥想象力的独立空间，年轻的雕刻师们成长很快，不到几年，不少已经是行业内的佼佼者。或许有人会持怀疑态度，会有疑惑，会问毛员外不怕雕刻师们出错吗？毛员外的答复很肯定，他说出错是免不了的，但是可以修改和弥补，最终达到满意的效果，因为唯有心灵安静，才能让雕刻有生命力。

有一年，公司的好几位雕刻师一下子离职走了，是被别人高薪挖走的，那几人是公司成立之初招收的首批雕刻师，经过毛员外和沈占伟等几位大师的指导，是师出有名之人，也是公司的中坚力量，他们的突然离职无疑让毛员外有些措手不及。但是与几位股东一商量，挑选了一批有可塑性又有上进心的年轻人进行培养，按他们的技艺进步水平，以“新技工可以三月加一级工资甚至一月加一级、个别加两级”的激励机制化解难题。后来，有人提及时，毛员外说老树不长、树荫下的小树长不大，长江后浪推前浪，一代新人换旧人也是好事。事实证明，毛员外与股东们的决策是正确的，那些小伙子们努力又勤奋，不仅成长快，雕刻技艺更如毛员外所言的出于蓝而胜于蓝，在砖雕大赛上临夏砖雕因具有地域文化特色而获得大奖。

第一个梦想实现后，毛员外紧接着为实现他的第二个梦想努力，干他的第二件事——着手征集收藏散落在民间的历代临夏砖雕遗存实物。

与沈占伟等人商量图纸设计、指导公司员工雕刻的情景

经甘肃省文物局批准，以他个人珍藏的100多件秦、汉、唐、宋（金）、元、明、清时期的砖雕文物为基础，创办成立了临夏砖雕博物馆，并免费对外开放。2015年6月，临夏砖雕博物馆被省委、省政府授牌命名为甘肃省第一批文化遗产“历史再现”工程博物馆，填补了我国砖雕艺术专业民办博物馆的空白。

毛员外做事干脆利落，除了每月一次的会议上商讨的事，平日里不过问也不参与公司的日常之事，分工明确，从不逾矩。作为董事长，他的工资比经理低，他不计较更不在乎，因为他做的一切是因为对砖雕情有独钟，不是为了钱也与钱无关。

尽管忙忙碌碌，毛员外的生活特别充实又有规律，不仅被很多老人羡慕，也被年轻人羡慕他在工作生活方面张弛有度。因为有糖尿病，毛员外的饮食起居也极有规律。清晨五点半起床，理疗锻炼按摩，侍弄花坛，吃早点，上班。当然，除了特殊情况，每天下午四点半左右雷打不动自斟自饮几杯小酒是必备课。

每次，他在廊檐下，悠闲适意，一边喝小酒，一边听风看景，回忆往昔展望未来，一边处理需要他解决的事。

每次，几两小酒入肚，他感到惬意，如饮甘霖，通体舒坦。尽管小酒是散装的粮食酒，是被大家冠名的阿宝大曲，被他品得有滋有味，如此，他的陪伴也是富有诗意的。好多员工说，毛巴坐在那里，心里踏实！

一份信任，一份踏实，在风中慰藉着毛员外的追梦之心。

准时下班，回家与老伴一起话桑麻是毛员外对老伴最深情的告白，他们一辈子相濡以沫，在一箪食一瓢饮的陪伴下精致生活。这么多年，他心甘情愿为砖雕文化发挥余热，家人全力以赴支持他，他是幸福的也是自豪的，那些幸福也晕染着青砖上的艺术，芬芳又安静。

毛员外喜欢舞文弄墨，写文作诗，生活丰富多彩，他写的《我的砖雕梦》一文，无论遣词造句还是情景描述，对砖雕的热爱与喜欢跃然纸上，从他的老家落笔，娓娓道来，映射出他热爱生活的点点点滴滴：

我的老家是二十世纪四十年代建的，虽是土木结构，却也大气，在临夏农村并不多见。尤其装饰在门楣、棰头、看墙等处精美的砖雕和房廊间的木雕轩门，更加显示出传统建筑的古朴与美妙，增添了家庭院落的文化氛围。可能与自幼生活的环境影响有关，我自然而然地对砖雕和木雕产生了兴趣，并与其结下不解之缘……

我退休后最初的一段时间，老三儿子买来几只麻雀，让我养心。那鸟啊，是经高手调教，振羽卷舌就会夺去你的心。清晨，挂在廊檐下婉转鸣出乡野音调，让你回味过去奔波泥土的日子，心底就有丢了一行脚印的感觉；晚上，花丛摆桌，斟杯薄酒听鸟儿吟唱星月，却觉身居闹市孤单无依。养鸟养不了心啊！一次，我提着鸟笼上街，遇见曾在州上担任要职的一位老朋友，他说，提着鸟笼逛街，不是你的作为，还是画画写字吧！他给我送了两刀宣纸，两瓶“一得阁”墨汁。说到作画写字，这还是我从小的爱好。我上初中时，正值“大跃进”的年代。当时，临夏有位画家叫张守正，他画的一幅《送公粮》的国画，参加过第一届全国美展。每天放学，我就去他家求教。老汉爱喝酒，经常擎着盛着“擦瓦”酒的酒壶，侧着脑袋，嘴角斜斜狠抿几口。然后，把笔在嘴唇上抿了又抿，臂弯抖抖地开始作画。我从他那里学到的不仅是一般从艺的诀窍，而是人身处困境那一副不断追求高雅艺术的不懈精神！我原来的老家有段山墙，是张老先生绘制题款的。现今，我还存有他的几幅墨宝。我有点艺术细胞，全得益于张老先生！

讲座

记得第100届广交会结束后，有广州的三位老板驾车专程来临夏，其中一位是在当地颇有名气的建筑商，其他两位都在大型工程搞装潢。当时，我们在临夏市西郊租了三间屋，包括我只有六个人。他们看了，大吃一惊：原先以为你们是一个拥有现代化设施的大厂，技术人员荟萃。没想到，稀拉拉几个人还处在作坊手工阶段。但他们看了匠人们精心雕刻出的作品，参观了我的家后，失望变成希望，当即决定要订货。因为当时还未组建公司，很难满足他们提出的数量要求，我委婉提出以后厂子发展了，再和他们联系。他们带着我赠送的几件砖雕精品回去后，还打电话把他们列在供货的名单上。这个小插曲，令人深思：进入信息时代，拉着牛车是上不了高速路的！

……

毛员外也喜欢听轻音乐，听音域宽广优美的排箫演奏，喜欢阿炳的《病中吟》和《二泉映月》，还喜欢听于文华演唱的歌曲《想起老妈妈》。

一位如此热爱生活的老人，一位生活如此生动的员外，是智者也是哲人。他的“大事聪明、小事糊涂”的豁达，他的“严于律己、宽以待人”的为人处世法则，他的办公室墙壁上自己书写的“润物细无声”的墨迹，便是他的人生至宝。

包景荣在为毛员外主编的《临夏神韵》所作的序——《十年一剑圆梦青砖》里写道：每到神韵公司，总会看到毛兴文同志一个人坐在新建起来的砖雕博物馆廊檐台子上，看着院里的一草一木，一砖一瓦，目光时而凝重，时而开朗。也许是在回想当年创业时的艰难，回忆砖雕协会的牌子第一次挂在租用工棚门口的情景。也许，是在享受公司淘到第一桶金时的喜悦和神韵公司不断壮大的满足，而更多的应该是在体会事业的来之不易……

神韵砖雕公司九龙壁

神韵砖雕公司文萃阁

毛员外追梦砖雕十多年，他亲历和见证了临夏的城乡、高楼民居，处处镶嵌着古朴典雅、奇妙瑰丽的临夏砖雕。于是，又开始为了实现一个更愉悦人心的梦想而努力——他运筹着他的第三件事。

一直以来，毛员外的目光聚焦在砖雕文化上，他了然于胸砖雕的讯息，但凡与之有所关联的，搜集、整理、学习，梳理成篇，为更多的雕刻大师学习借鉴，在发挥本土特色优势和民族文化的基础上汲取精华，延伸设计的触角，使得作品题材更宽泛，舞台更广阔。

当他发觉全国各地被命名的内容不同的文化之乡渐渐多起来时，对于国家文化的丰富多彩欣喜之余，也遗憾砖雕文化之乡的空缺，一段日子里竟隐隐地失落。

毛员外特别清楚，近几年来，临夏州把砖雕产业发展作为增强地区经济实力的主打品牌，多措施在企业、职业学校建立砖雕技术研发中心和培训中心，成立砖雕协会，申报非遗传承人，表彰一大批工匠，孕育出了除他们的神韵砖雕之外的青韵、能成、祥泰等一批大型龙头企业，通过政府帮扶和企业典型带动，加快了产业与脱贫攻坚融合发展，激发了贫困群众内生动力，增强了自我发展能力，使砖雕产业焕发出勃勃生机。目前，临夏州的砖雕从业人员达 2 万多人，年产值近 2 亿元，产品远销省内及青海、宁夏、新疆、四川、陕西等地，临夏已成为我国西北的砖雕生产加工集散地。

凡此种种，毛员外认为，临夏已经具备了申报“中国砖雕文化之乡”和“砖雕文化培训基地”的时机和条件，而他作为临夏州砖雕协会的会长，无论建言献策还是积极努力，都有义不容辞的责任，从 2014 年到 2017 年的三年里，他竭尽全力，与相关部门和人员为申报工作全力以赴。在各方面的关心和大力支持下，中国民间文艺家协会专家考核验收组认为：临夏历史悠久，人杰地灵，民间文化资源丰厚，

作品《锦上添花》图

作品《富贵》图

临夏砖雕文化底蕴深厚，特色鲜明，在国内独树一帜；临夏砖雕技艺精湛，风格独特，传承有序，砖雕文化渗透于临夏民众生产、生活、习俗各个领域；临夏州高度重视砖雕文化的研究和品牌塑造，制订了长期发展规划并取得了显著成效，相关资料和研究成果丰富，开展了丰富多彩的砖雕文化活动，培养了大批砖雕文化传承人。

2018 年 5 月 28 日，临夏州被正式命名为“中国砖雕文化之乡”和“砖雕文化培训基地”。

“中国砖雕文化之乡”和“砖雕文化培训基地”的殊荣，在临夏砖雕发展历史上具有里程碑的意义，会对临夏经济社会的繁荣发展和文明进步起到促进作用。

如此，毛员外的第三个梦想实现了，他如愿以偿，他很是欣慰。他深知临夏砖雕作为国家级非物质文化遗产，其保护、传承和创新发展将是一个永远的话题。所以，他坚信，像他一样，像沈占伟一样，对砖雕情有独钟的人会越来越多！

如今，毛员外不仅在临夏赫赫有名，在全国的砖雕业界也是名人，像临夏的“花儿”、紫斑牡丹、手抓羊肉和锅盔一样，他也是一张名片！

祝福毛员外，也期待砖雕文化在临夏更上层楼！

幸福的使者张学财

一

猎猎的风一直吹，滔滔的黄河一直流，就在这长风吹彻、黄河拐弯的积石山下，一些精彩的故事，如那一首首“花儿”一样，在美好生活中绽放出的美好愈来愈令人感动！

青草的气息在大地升腾时，一位叫张学财的人，时而漫步，时而大步流星，他的步调与身影成一幅画，镌刻在乡间或城市一角。

作为一名共产党员，作为一位在积石山下成长起来并有大发展的企业家、致富带头人，作为积石山县柳沟乡上坪村的党支部书记，尽管他曾获得过第十届全国“创业之星”、第十届“全国农村青年致富带头人”、甘肃省第六届“创业带头人”、甘肃省首届“创业明星”、临夏州第四届“道德模范”、临夏州第四届“五四青年奖章”、临夏州“五一劳动模范”奖章等荣誉，他的公司也荣获甘肃省建设厅“三优一文明企业”称号和甘肃省首届“创业明星”称号，但是在这些光环之下，张学财没有高坐在庙堂之上，而是一心一意，继续与乡亲们一起群策群力，为了早日让上坪村人生活得更幸福而努力着。

不管是上班族还是企业家，不管是城乡居民还是柳沟乡的村民，无论称呼他张总、张经理、张书记、老张还是学财，他都含笑应答，用他自己的话说他是一名共产党员，是握铁锨把的人。是的，他是一位普通的共产党员，是为了上坪村人及更多的乡邻过上好日子而默默前行的共产党员。

张学财为人随和、谦恭又低调，如果不是事先熟知他的创业故事，如果不是多次读过他的报道，他即使站在眼前说自己是张学财，也不相信他像是多次获奖的一名致富带头人、一名成功的青年企业家、一名村党支部书记，反而更像一名教师、一名学者，感觉他的儒雅与他所获得的殊荣似乎毫无关联，但是事实恰恰相反，就是书生一样文绉绉的他，领着故乡的父老乡亲大步走在脱贫致富奔小康的致富路上，乐此不疲。

很多人好奇，那样一个清瘦、书生气十足的成功人士，明明可以做甩手掌柜，却肩挑重担，为一个村的发展操劳、筹谋，他的精力跟得上吗？他的心里装得下那么多人的幸福吗？

张学财面对那些好奇，那些看法与想法，几乎无动于衷，他说他就是一个握铁锨把的人，他就是一个庄稼人。

其实，张学财应该是一位握铁锨把的诗人。当透明的积石山蓝将那激动的情愫渗透到万物的肺腑时，也潜入了他的灵魂，所以他每每仰望积石山，仰望山顶的白雪皑皑，面对天空的高远澄净，他是安静的。或许，于他而言，沉思或沉湎一些文字释放的压力那刻，便是沉静心灵让灵魂歇息的最好时刻。

2019 年深秋的一天，他交代好公司的事，自己开车去了上坪村。每次行走在村里，伴着柔柔的风，张学财的心情总是特别好。目力所及，动静相宜的画面，那样唯美，那样浪漫，田野抒写着静美，收获的欣喜在飘荡。他是深爱着上坪村的，他的心属于那方养育他的贫瘠的土地。作为村里的主心骨，他丝毫不敢懈怠，除了上坪村发展的事，除了上坪村人脱贫致富奔小康的事，其他的事似乎都是小事。

上午十点，阳光照射下的上坪村，祥和又安静。一块一块绿着的田地，围拥着的村庄，宛如一朵含苞待放的花朵，只等花开时节的奋力绽放。张学财双目含笑，嘴角微微上扬，神情忽而轻松忽而凝重，原来他回忆自己在参加临夏州“两会”的会上发言：“永远忘不了，1 月 14 日，在和政县，前来我州考察调研的中共中央政治局常委、全国政协主席汪洋主持召开的座谈会上，当我介绍积石山县‘粮改饲’工作的成效时，汪洋主席赞许说，‘临夏州粮改饲思路非常好，成效很明显……’并就这件事谈了近半个小时，现在想起来我还是激动不已。”

张学财作为临夏州人大代表，发言时按捺不住喜悦，讲述起关于“粮改饲”工作的事：2019 年 1 月 13 日至 14 日，汪洋主席来到积石山县看望慰问贫困户和脱贫一线干部，跟踪了解脱贫工作新进展新情况新问题，在和政县考察扶贫车间、调研东西部扶贫协作情况、了解产业扶贫等工作并主持召开座谈会，听取基层干部对脱贫工作的意见建议。当听到“粮改饲”时，汪洋主席非常高兴，现场谈起临夏州的

“粮改饲”工作，充分肯定了取得的成绩。

两次的发言已经过去好几个月了，但是张学财依然记忆犹新。而提起“粮改饲”，张学财精神大振。

作为从农村走出来的企业家，张学财深知并熟悉一切农事。他了如指掌的是日子好过起来之后，玉米种植户越来越多，到前几年，一块块长势喜人的旱作玉米，不仅给全县农民带来了丰收的喜悦，也带来了希望，只是那样的喜悦好景不长，便喜忧参半。

领奖一刻

那些忧被张学财记挂于心，他知道乡亲们的烦忧，一则由于近几年玉米价格一跌再跌，二则大量的玉米秸秆成为垃圾和废料被焚烧填埋实在可惜。所以，让他的目光投向“粮改饲”。

张学财与许多关心农牧业的人都知道，“粮改饲”是旱作农业的“二次革命”。他立竿见影，创办了甘肃伟凯牧业有限公司，发展“粮改饲”产业。他的目的很明确，就是想给乡亲们找出路，让玉米种植户从他的伟凯牧业中得到实惠。

或许“粮改饲”产业成全了张学财，或许张学财在再次创业的路上成全了自己。其实，成立甘肃伟凯牧业有限公司之前，他的事业是蒸蒸日上的。

2017 年 3 月，甘肃伟凯牧业有限公司建成了，自创办到投产短短一年的时间里，公司的发展步伐让张学财心底也对自己点赞，更让他信心满满。一年的时间里，伟凯牧业让关注张学财的朋友对他刮目相看，而玉米种植户及牛羊养殖户，也欢喜不已。当投资 1200 万元购置的 20 多台套农作物秸秆饲草加工农机，投入到全县 11 个乡镇的“粮改饲”饲草加工点，让一块块“面包”一样的饲草装扮田野，不收一分钱让种养殖户加工饲草时，一切都是令人欣喜的。

当然，有些人奇怪，质疑他为何不收取一分钱的加工费，为何会免费？是因为利润的空间很大还是别有企图？

在那些质疑面前，张学财一笑了之，不做解释，因为他没有时间去解释，从创业至今，他坚信自己所做的一切，坚持向着自己定的目标迈进，不会因为他人的只言片语更改初衷。

张学财的伟凯牧业，作为根植于本土的民营企业，在谋求企业转型发展的路上，让希望在饲草加工机所到之处蔓延和释放，助推了积石山县的“粮改饲”工程，促进了畜牧业的发展，带动着积石山县的产业转型跨越发展。

青绿的玉米，在居集镇深沟村里也是一道风景线，而伟凯牧业的饲草揉丝打包加工点上，乡亲们是兴奋的，他们对几分钟就把玉米棒子与玉米茎秆打成方块的“面包”好奇，惊讶之余议论纷纷，怎么也想不到饲草揉丝打包机，不仅把要焚烧的秸秆都变成了钱，还节省了时间和体力。

“看到以前的垃圾变成了牛羊饲料，心里说不出的高兴！”

“把草也卖成钱了，干散！”

“废物变成宝了！”

……

农人的心思如此简单，而张学财面对一些媒体记者的采访，心思也一样简单，他轻描淡写而又无比喜悦地介绍他的伟凯牧业、介绍打包机、介绍加工或收购饲草的情况，也向记者道出他致力于饲草加工的初衷：“我们积石山县有那么丰富的玉米秸秆资源，让玉米种植增值，通过养殖牛羊挣钱，让更多的人脱贫致富，我积极投身县委、县政府实施的‘粮改饲’工程，创办伟凯牧业，加工饲草料、发展牧业养殖，也是我们对现代循环农业的一个尝试……”

远眺黄河

一个尝试就是一个大手笔，毋庸置疑，张学财是有眼力之人，毕竟他是相信科技之人，毕竟他是学习型的企业家，不得不佩服，早在两年前，他就将企业未来的发展规划投向了现代循环农业。

张学财着眼大局，公司又投资48万元，一次性购买饲草打包膜和包装袋，除部分公司自用以外，免费发放给有需求的群众，这样，既带动了当地群众的积极性，又为他的公司提供了资源。2017年筹资3000万元注册成立了甘肃伟凯牧业有限公司，2018年2月筹资681万元收购了石塬乡亿源养殖专业合作社，又投资800多万元改扩建标准化牛棚22栋，青贮饲料氨化池3座，干饲料库房1栋及其他配套设施，已存栏良种母牛620头，吸纳贫困群众就业，与108户精准扶贫户签订入股协议，每户入股2.5万元，分红2500元。两年过去了，伟凯牧业已经成了集畜牧养殖、饲草料收购加工销售、技术培训、科技项目推广为一体的企业，成为全县饲草料龙头企业，已完成投资3878万元，新建了1座年生产10万吨的牛羊精饲料加工厂，可以年收贮、调制全贮青贮饲料16.5万吨，吸纳贫困群众就业，助力全县推进“粮改饲”工程，开展玉米秸秆全贮、青贮、揉丝打包及小麦秸秆粉碎打包，在氿藏、居集、柳沟、石塬、刘集等乡镇设立玉米秸秆揉丝打包点，投入饲草加工机械，免费为全县贫困户打包玉米秸秆（青贮饲料）1万包、黄贮饲料14万袋，提高了农作物秸秆饲草化利用，受到群众的欢迎，加快了美丽乡村建设步伐。

面对“粮改饲”的成绩，张学财说：“今后，我将进一步扩大规模，多提供就业岗位给周边群众，多帮助那些家庭有困难的群众。”

对于精准扶贫，张学财的理解很纯粹，他说：“精准扶贫是一项庞大的工程，并不是一朝一夕可以完成的，却是我们实现全面小康必须翻过的大山。在这项工程中，我们用自己微不足道的行动努力着，也许我做不了太多的事情，但是我可以用自己 37 度的体温去感受这个话题的博爱，铭记党恩不忘本，用实际行动奏响一曲情系群众、攻坚克难的凯歌！”

张学财对精准扶贫的理解，让人热血沸腾，而他的公司在积石山县的“粮改饲”工程建设中，揉丝打包加工玉米秸秆，免费向农户提供服务，给贫困户免费打包玉米秸秆青贮 1 万包、黄贮饲料 14 万袋；同时以每亩 1000 元至 1300 元收购青贮玉米饲草，2018 年收购了 3000 多亩全株玉米青贮饲草，黄贮玉米秸秆饲草 1 万多亩，让建在石塬乡肖红坪村的伟凯养殖场现存栏的 500 多头牦牛的哞哞声都带着欢喜。

假如我们每一个人可以“用自己 37 度的体温去感受精准扶贫的博爱，铭记党恩不忘本，用实际行动奏响一曲情系群众、攻坚克难的凯歌”，那么是什么样的局面呢？

那个局面不用想象，一切当然是美好如初的，欢欢喜喜的。

欢喜是一把钥匙，可以开启所有的美好。当张学财目视田野，那一个个淡蓝色的方块面包一样被打包的玉米秸秆时，他的双目含笑，与那些生产“方块面包”原料的村民一样，笑得开心。他是满面春风的，秋后的田野也是满面春风的，或许因为有张学财这样的人而满面春风。

张学财是满腔热忱的，他的心像积石山顶的皑皑白雪，洁白，剔透，而他在田野面前，无比欢喜，他是爱的使者，是幸福的使者。

田野多么需要一个有爱的人，一个秉承农家质朴精神与务实的人。那个人的胸怀是宽广的，他是心怀村庄与村民苦乐的人。

村庄也需要一个有爱心的人，用爱呵护村庄的子民，用爱续写农家的幸福。生命的誓言，在大地上沸腾，张学财的人生轨迹就像一张唱片，一首首小夜曲、一首首民歌、一首首积石山下漫起的“花儿”，在繁华世界里播放，他的故事，犹如一首摇篮曲，让上坪村的村民安享幸福。

二

乡村的美那么含蓄，炊烟随风在四处飘散，鸟鸣让美好更美好。上坪村的村民，在晨风在鸟鸣中让梦想的光芒折射在大地上，四季弹奏的乐曲让大山迷醉。

有时候，张学财面向阳光而立，他的梦想在积石山脚下、在黄河岸边、在村庄里，似乎遥不可及又触手可及。

风是千年的风，阳光是万年的阳光，大地的棋盘上，执棋者走得匆忙又辛苦。祖祖辈辈在黄土地上打拼的农人，他们的梦想很简单，只要吃饱穿暖，张学财的父辈与上坪村人一样，面对干旱山区严酷的自然条件，日出而作日落而息，一生都在缝缝补补，尽管为摆脱穷日子而想方设法，可是贫穷依旧是一块难以愈合的伤口。即使如此，穷苦的上坪人，他们依靠两条腿，丈量着生养他们的故土，在人均耕地只有 1.56 亩的薄田里劳作谋生。小麦、洋芋、油菜、大豆，继而是玉米，凡是能撒下种子便发芽生长可收获的农作物，上坪村的主宰者都会尝试，尽最大努力做到自给自足，年复一年，延续着日子。

1974 年的春天，三月的风还是凉意深深的，上坪村人的名单上添加了一位男丁——张学财。在那个被汗水、泪水、苦水浸泡的村庄里，光宗耀祖也好，传宗接代也罢，总之，他带着老张家的希望来到了这个世界。他一出生就被贫穷包围，面朝黄土背朝天的父母给予他的除了贫穷，还有少年老成与穷人家孩子早当家的宝贵财富。

与母亲在自家菜园

村子不大，贫穷是标签，贴在上坪村，也贴在张学财的童年。

在那个年代，大家都穷，都为能吃饱肚子而双手在土里刨食。张学财与村里的男孩子一样，他们的童年与天下乡村所有孩子的童年一样，尽管穷，但是在黄土地上摸爬滚打得很快乐。掏鸟窝、摘杏子，割草放牛、割麦挖洋芋，凡是农家孩子会做的捣蛋事和家务活，张学财一样不落地都会，家务活他会做也抢着做，以瘦弱的肩膀为父母分担着生活的沉重。

生活的压力没有击垮张学财的父母，他们早就商量好了，到了上学的年纪，就让张学财去上学，不能让他像村里的一些男孩子一样跟着大人下地种庄稼。于是，张学财背着母亲用布头缝成的花布书包走入学校，开始了他上小学、上初中，紧接着上高中的学习生涯。

对于让张学财念书一事，村里有人赞同，因为他们的孩子也与张学财一样，有一些人想不明白，见到他的父亲免不了说几句。当然，他们也并无恶意，只是在那些说说里，包含了许多复杂或意味深长的因素：

“庄稼人，不种庄稼做什么？念书能吃饱肚子吗？书里能有白面吗？能有出息吗？”

“我们都是受苦的命，尕娃们也跟我们一样，难道你老张家的坟头会冒青烟吗？你可不要到时候一场空啊！”

“是啊！你光想着让学财认字，就是没想过时间白费了，字没认几个，到头来还不是拧铁锨把的主儿？”

……

每次面对那些重弹的老调，张学财的父亲要么嘿然一笑了之，要么打岔忽略，要么干脆两句话结束话题说：“我们这一辈人在地里下死苦，苦日子过够了，大字不识一个，让尕娃们不要跟我们一样做睁眼瞎，我们苦了半辈子，不知道城里人过的日子。让尕娃念书识字，没有指望端上铁饭碗，念书不会吃亏，可不要有一天进了城，像人家说的，连茅房都找不到！”

如此，一岁一枯荣的岁月里，张学财的双亲承受苦难，让儿子坚持念书的温情在他们老张家让日子流转得有滋有味。一年又一年，张学财一边在寒暑假尽可能地承担挑水、喂牲口等力所能及的活计，一边因为念书而与上坪村渐行渐远。

看到眼下村里孩子们读书的条件那么好，张学财感慨万千，他总是想到自己和村里的伙伴们念初中、高中的日子，那些依稀在眼前，却又遥远的日子。

上坪村离县城几十公里，无论天晴下雨，出行都靠两条腿，张学财亦不例外，与大家一样，一步一步往返在学校与家的路上。

在那个年代，农家的孩子读书很难也很辛苦，受各方面条件的限制，坚持更不易。虽然困难很多，虽然特别苦，但是张学财与他的几位伙伴坚持读完了高中，在寒来暑往中，走着读书，不仅磨炼了坚强的意志，也锻炼了吃苦耐劳的精神。

当张学财从一个少年变成大小伙时，他儿时的玩伴有的已经成家，有的已出门搞副业，有的则成了家里的主要劳力，而他将来做什么也有了自己的打算：如果考不上大学，绝不会像父辈们一样，一生在几亩地上苦熬，过一辈子的苦日子，要创业，书不能白读，那些走来走去读书的几年不能没有意义和价值，必须要活出自我。

因为早早有那样的打算，所以，每次他在假期下地干活回家的路上，目睹村庄上空缥缈的炊烟，他的内心涌动着一些莫名的情愫，那

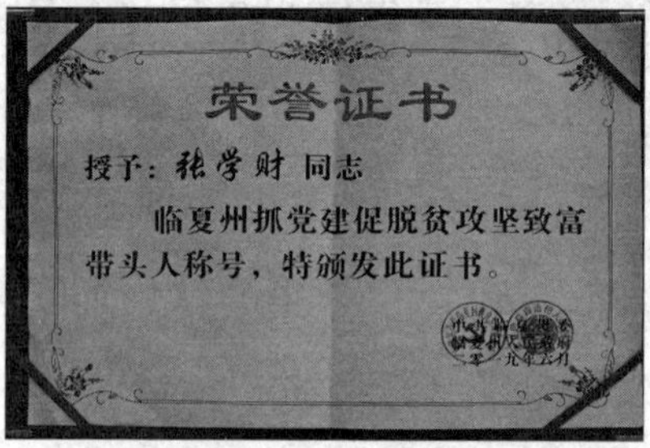

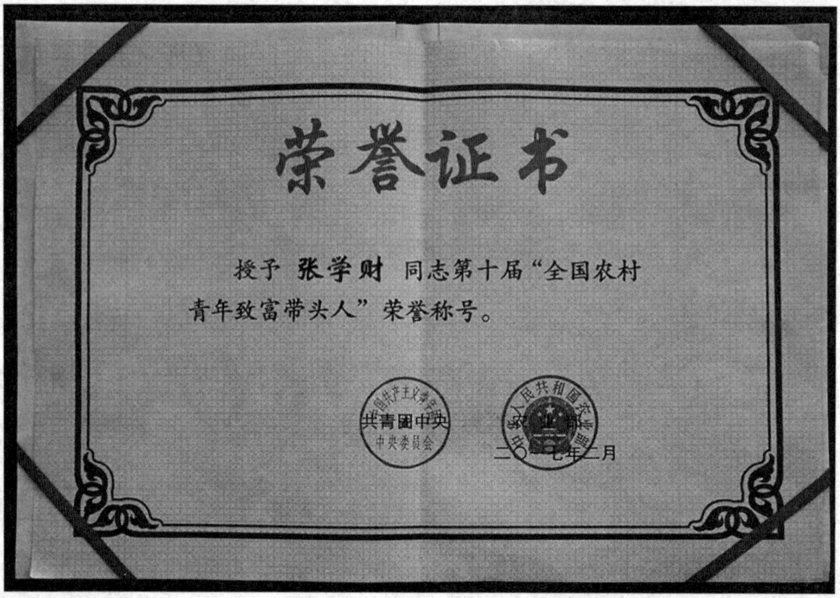

公司与张学财获得的部分奖杯和荣誉证书

些少年不识愁滋味的岁月里，他也无法释怀那是怎样的情感。当他望着那袅袅的炊烟时，他的心里不是滋味，他怜惜他的父辈，他同情村里因为缺劳力或是因疾病而比他家更穷的人。他知道他的父辈们的苦如炊烟一样飘飘摇摇，只是炊烟是自由的，而父辈们拴在几亩薄田的日子，重复再重复，似乎没有什么改变也无法改变。

那一刻，张学财的心头突然涌出一个想改变村里人生活现状的想法，虽说那个想法一闪而过，却在他的心底生了根。

那一刻，张学财的一颗心如雪洁白！

高三如期毕业，张学财落榜了，条件所限，他没有补习再考，结束了学习生涯。虽然有些失落，但是张学财并没有因此而闷闷不乐，更不像有些小伙子犹豫不定，他向往外面的世界，他想去看看外面的世界，如果不出去闯一闯，不去看一看，那么遗憾会伴随一生。所以，他与本村和他的想法合拍的伙伴们几番商量后决定，出远门去新疆淘金，做一名淘金客。

他们启程了，一步一步离开村庄，离开父母，像飞离枝头的鸟雀，不知等待的将是狂风暴雨还是顺水顺风，飞离上坪，飞离积石山县。

外面的世界很精彩，外面的世界也很无奈。张学财和伙伴们第一次坐班车、坐火车，成为众多奔向遥远新疆淘金客中的一员。然而，年轻的心怀揣改变现状的梦想，被现实一点一点打碎，初生牛犊不怕虎的勇气只是让张学财开了眼界，尽管吃苦受累，尽管流汗，但因缺乏经验，他们没有挣到什么钱，现实比预想的残酷几倍。

生活磨砺着他，虽然有一肚子的苦，但是他行走的步伐依然矫健，并没有因淘金的几无收获而失了闯劲，相反，他淘生活的心气更足，面对挑战的信心更强，一心找寻改变现状的勇气更大了。

1990年，张学财又出发了，与一些人去青海挖冬虫夏草（简称虫草）。挖虫草也是吃苦受累的活，不仅要吃苦，还要碰运气。四月的青海，四月的山野，一把挖虫草的小铲就是所有希望的寄托。他与很多人一起上山，第一次挖，因为没有经验，即使虫草在脚边也看不见，甚至踩过去也没有发觉，只是低头、弯腰，大海捞针一样，找寻一株株稀有的冬虫夏草，来来回回，为挖到和多挖扫描。有些人的运气好，一天能挖到二三十根；有的人运气特别差，一天只能挖到一两根。张学财属于运气特别不好的人，即便他每天上山，但是虫草故意躲着他一般，让他难以寻到。如此，尽管他一天上山下山筋疲力尽，挖到的虫草却寥寥无几，除了身板结实了一些，目光变得坚定了一点，与淘金子一样还是没有挣上钱，他想改变处境的想法依然还只是想法，他的家境依然贫寒，生活依旧清苦。

日子在清苦里依旧一天一天，一月一月，一年一年过去了。那些流逝的日子里酸甜苦辣咸，社会的复杂和形形色色的人，现实与梦想的大相径庭以及人情世故历练着张学财，他外出务工的生活和经历，成了他的财富，为他未来创业积累了经验，也为他的人生目标埋下了伏笔。

从1990年到1996年，六年过去了，上坪村的四季依旧，积石山下的四季依旧，四季依旧的重复里，张学财的好运来了。

1996年，甘肃省建四公司到积石山县招工，当时张学财恰好在家，他听闻招工的消息后，积极报名。由于各方面条件符合，他很幸运，成为省建四公司的一名员工。尽管他的身份改变了，而他的初心未改。

张学财是好学之人，又肯上进，六年外出务工的种种与省建四公司相比有天壤之别，所以他很珍惜，珍惜在公司的每一天，不放过任

办公、学习、沉思

何学习的机会。

他的努力有目共睹，他积极学习的劲头也影响着一些同事与他一起学习。他脚踏实地，钻研建筑难题，不仅学到了知识、技术和经验，同时也挣到了第一笔收入。当他拿着汗水换来的收入，在村里率先翻修房子，被村里人羡慕不已。

幸福笼罩着张学财的生活，也温暖着他。同时，梦想也激发着他更加积极、上进。他感恩一切，对自己的要求愈加严格，对待工作更认真，为把每一天的工作做得更好而加班加点，更加努力。

对党的崇敬之情和热爱，促使张学财在各方面都向先进靠拢，终于，他鼓足勇气向党组织递交了入党申请书，由于他在工作生活等各方面的优秀表现，通过党组织的培养和考验，进入公司两年后的1998年初夏，光荣地加入了中国共产党，成了一名共产党员。

加入党组织后不久，张学财的想法又改变了，他毅然决然辞职，返乡回家，在家乡开启打拼的模式，成为20多人的领头羊，组建了小型工程队，从整修公路、建造私人住宅、承建小型办公场所开始承包小型工程到建设住宅楼，一心一意，走上创业之路，为自己的人生添上浓墨重彩的一笔。

三

初秋的风携着青纱帐一样的玉米田，2019年里，穿行在上坪村的山路上，张学财的脸上洋溢着幸福，他的目光经历的风雨阳光，有着金子一样的光芒，那些光芒是上坪村赋予他的胎记。

每次，站在山梁上，他都会俯瞰红瓦或青瓦掩映其间的村舍，摘了花椒的有些空落落的坡地，绿的苍苍茫茫，还未摘掉的则隐约着花椒的红，梯田显山露水着庄户人家的勤劳，丰富着田野。

上坪村154户、779人，人均耕地1.56亩，属于典型的干旱山区，群众以自给自足的农作物种植为主。交通不便，自然条件严酷，让上坪人挣扎在贫困线上，如今，上坪村华丽蜕变，村里成立了6个农业合作社，家家户户地里的花椒和核桃惹人艳羡，尤其谈起花椒收入，人人喜笑颜开。

绿树掩映着的村庄，分享着初秋的喜悦，就像襁褓里的婴儿，吮吸着来到这个世界上的一切。村民们夸赞张学财，对他万般信任，他初任上坪村党支部书记时，他们的微笑宛如阳光一样灿烂。

打开张学财的回忆之门，点点滴滴都关乎上坪村的发展。

2010 年底，在上坪村级组织换届时，经群众和全村党员联名推荐，张学财被选举为村党支部书记。作为在村级换届选举中当选的“老板型”的村党支部书记之一，他是在市场经济中率先富起来的一批人，

回到上坪村，张学财都会到地里转悠，无论谁家栽植的核桃树，都会吸引他。

他的成功之路始于点滴，不择细流，终成大业。那时，他已经在建筑业内小有成就，但是他没有推诿，更没有辜负大家的厚望与信任，担任上坪村党支部书记以来，利用自己的能力和人脉资源，为上坪村创造了大好的发展机遇。

张学财像讲别人的故事一样言说着他与上坪村的点点滴滴："2012年，党的十八大胜利闭幕后，以习近平同志为核心的党中央为我们绘制了蓝图，指明了方向，我们村'两委'班子、全体党员和群众代表及时学习会议精神。会上，就我们村如何发展的问题，大家踊跃发言，建言献策，提出了一些符合发展的好想法和建议，最后提出重教育、调结构、培技能的发展思路。"

在张学财的讲述中，一个讨论激烈的场面跳跃开来……

"人老祖辈的这样过来了，发展什么！？"

"发展什么？怎么发展？"

"现在钱不好挣，怎么调整？"

……

面对不断的质疑声，张学财说的话铿锵有力："我们上坪村历来有重视教育的传统，上班的人多，知识改变命运，大家想办法，不相信办不成事。"

几天后，在召开的群众大会上，大家积极建言献策，称赞村"两委"班子提出的发展思路并达成了共识。

目标有了，思路清晰了，干什么，怎么干？依照张学财所言，上坪村是人养地方、地方不养人的山村，传统的种植模式已不适应发展要求。

2012 年秋，在县、乡相关部门的关心帮助下，上坪村得到了 4 万株花椒苗，于是，那些山坡坡上的方寸之地成了今日的福地，4 万株花椒苗被精心栽植在山坡、荒滩上，一株一株、一亩一亩，2000 亩的地里都是花椒苗。栽下的希望生根发芽了，而且长势喜人，弹指一挥间，十年后那些花椒苗从最初的不起眼变成摇钱树不是传说，而是佳话。

花椒喜获丰收，村民笑开颜。户均收入达到 6 万元左右，9 户种植大户能摘 3000 斤左右，一斤 60 元，3000 斤就是 18 万元，雇人摘了两个多月还没摘完。

今天的上坪村，容颜已改，村里没有一名适龄生辍学，工作人员已近百人之多，其中两个社平均每户都有一个工作人员。

家有万贯，不如一技在手。村里的技能培训一片红火，通过培训让适龄人每人掌握的一两门适用技术，在生活和就业的务工中发挥得淋漓尽致，以手艺吃饭比凭力气赚钱自然轻松。所以，张学财充分发挥致富带头人的引领作用，组织剩余劳动力外出务工，全村近几年从事建筑行业的百人之中，1 人取得高级工程师、12 人取得中级工程师、26 人取得初级工程师资格，从业人员最低年收入达到 3.5 万多元，劳务产业逐渐成为群众稳定增收的主渠道。

新时期的村干部是“服务型”村干部，关注民生、引导村民构建和谐新农村是关键。虽然张学财异常忙碌，但他在努力前行，对村民的生活时刻挂在心上，全村人民共同富裕是他最大的理想，因为他的肩上一头挑着上坪村的一切。

2013 年 6 月，盛夏的美好里，他向县村级产业发展互助社帮扶互助资金 100 万元；2015 年初，通过各方面积极争取，村里建成了养殖场后，在县扶贫办的帮扶下入栏 460 只羊，并对通往养殖场的道路进行了硬化，那是上坪村有史以来的第一个村办企业，就在那个养殖场，村里的20户贫困户入股分红；“要想富，先修路。”改造拓宽硬化村社道路4条9公里，改善了行路难问题，尤其是上坪村的下坪至何家槽约5公里地段不通公路，给生产生活带来诸多不便，张学财把那条“伤心路”作为工作的主要目标，2011年春节刚过，他一方面争取修路项目，一方面带头捐款，修路过程中，他东奔西跑，终于使那条农村公路按路面宽6米的标准动工建设；2015年10月修建完成了一座蓄水池；对上坪村交通条件和地理环境差的60户群众实施异地整体搬迁，有效解决了上坪村群众的上学、住房、行路、吃水等困难。之后，又捐资10多万元为贫困群众修建新房……

上坪村村民的生活，镌刻在张学财的生命里，他记挂着那些令他无法安心喝茶、聊天、吃饭的父老乡亲，那些生活不易的乡亲们时刻警醒着他，让他不断进取的同时，心也一次次变得柔软。当有人提及一些与他毫无关联的人和事时，他会感动，他的目光满是同情，他的眼里甚至漫起雾气。所以，他带领村“两委”班子成员，定期或不定期地到生活困难的村民家里慰问，帮助他们解决实际困难和问题，让他们对生活的美好向往渐渐成为现实。

他努力争取和全力实施全村涉及民生的一揽子工程项目，有资金干，没有资金自己垫付资金也要干，从点点滴滴做起，总是全力以赴。

由于张学财一心一意带领群众脱贫致富，热心为群众办好事实事，当地干部群众称他是上坪村人的“当家人”“好支书”。大家对他所做的一切，对他“一人富不算富、大家富了才算富”的看法与做法赞不绝口，话语里都是感谢与感恩，对他的乐善好施与助弱扶残竖起拇指夸赞。

年事已高的张忠发老两口，儿子左腿残疾，日子过得极为艰难，张学财根据他们家的实际困难，把张忠发的儿子介绍到自己企业下属的一家建筑工地当门卫，月工资 1500 元，让张忠发之子身体残疾而无法挣钱的状态成为历史。

樊成有夫妻俩的眼睛残疾，是村里的特困户。张学财主动提出帮扶樊成有一家，每月给他们送去米、面、清油和零用钱，使他们的生活有了保障。

退伍军人龚发虎在家待业，父母亲年老多病，家中没有其他经济来源，生活十分困难。后来，龚发虎被张学财吸纳到自己的公司上班，并通过培训，使龚发虎拿到了会计师的资格证，现任公司财务会计，年收入近 3 万元。

成功人士的生活也有诗和远方

往事历历在目，张学财的肩上一头挑着上坪村的一切，一头挑着他的公司员工的希望。

作为一个农民企业家，不仅要有创业的勇气，更要有做大做强企业的决心和信心，创业首先要创新，要有一个真正的创新点，一个人有了创新意识和创新点后，需要考虑的就是如何把自己的能力与创新相结合，张学财的创新点结合了他外出务工的经验。淘金、挖虫草的酸甜苦辣与无奈，造就了他坚韧的品格与不屈的人生信条。所以，不管有多难，张学财都把更多的精力放在了带领家乡父老摆脱贫困、带动许多困难乡亲走上脱贫致富的道路，也为上坪村的发展做出了贡献。

风吹着滔滔的黄河，吹着上坪村的春秋冬夏，一切按部就班又井然有序，上坪村氤氲着的幸福，在玉米田、花椒地、核桃树下袅袅如炊烟，淡然而又平静。

一根根电线，一条条水泥路，从村庄穿过，与外界搭起了沟通的桥梁。

风呼啦啦地，使村庄的衣袂也有点飘飘然，那些飘飘然里，洋溢着张学财的初心与初衷。就是这样一位普普通通的农家汉子，凭着一腔热血和勇气，怀着改变上坪村改变家乡面貌的理想，探索出了一条发展劳务产业，带领群众脱贫致富的路子。

上坪村与他有关，但是东乡县大树乡的红泉村与他从无关也变成有关，他与他的伟凯牧业公司响应州上“百企帮百村”的号召，帮扶了东乡县大树乡红泉村 46 户预脱贫户，每户发放 5 只良种基础母羊。

有关无关里，生活作为一个漏斗，淘洗着岁月，也淘洗着人心。张学财的爱心与耐心，涓涓细流一样，从没有中断过。

四

张学财的脚步轻快，沟坎有棱有角，庄稼们闪耀着喜悦。

坪上人家的喜悦，也闪现在沟沟坎坎。张学财站在地头，一根点燃的烟吸了一半，满眼的绿与山峦，让他感到惬意感到美好，他似乎回到了自己年轻的时候，尽管他的行走让他有些沧桑，有些老成，然而恰恰是那些让他沉稳、内敛、老成持重成就了他的事业。

一根烟之后又是一根，在浓浓的烟雾里，他的思绪在延展。他在释放，他的压力与筹谋，在一根根烟里得出答案。

他望着对面山坡地里的那些花椒树，思绪会与他指间点燃的烟一样飘浮，他的心情在那刻也是轻松的，他的目光他的感觉在那一块块不规则的田地里、那泛着光泽的土地上升腾。他有时会猜想，那些躬身劳作的人，那些或是他的亲人或是与他的人生息息相关的人，他们也会张望吗？他们张望什么呢？

家被绿树掩映，幸福与过往躲在时间的后面，从身旁“刷刷”飞过。但是那一刻，面对土地，面对生养他的村庄，他是心安的，他的幸福感油然而生。几根烟之后，他把眼前的景象定格在了手机，因为于他而言，他难得有时间让心沉静，他是忙碌的，忙碌于公司的发展，忙碌于上坪村的未来，忙碌在忙碌中。

面对昨天，他不禁感慨万千，在同龄人中他是成功的，可以说是人生的赢家，但是他的付出也是翻倍的，他的成功里隐藏着他吃过的苦和走过的路，他享受着他的付出带来的喜悦，也总结着一些失败。梳理人生，梳理成绩，梳理一路走来的每一步，他的自信令他自己有时也感到惊讶！

人生需要成功，但也不乏失败，在失败基础上的成功才是真正的成功。他想到村里孩子们比自己年少时幸福，读书不那么辛苦，他是欣慰的，也是有成就感的。尽管当年他没有考上大学，所以总是遗憾，虽然有遗憾，但是他也没有放弃学习，否则怎会有今天的成绩？高中毕业后，他通过自学获得了甘肃省委党校的经济管理本科文凭，不仅如此，2006年又获得了高级工程师的任职资格；2011年撰写的《走出山沟创大业开辟就业新天地》一文被人力资源部、中国就业培训中心、中国就业促进会评为“创业故事”征文活动优秀奖……

因为享受到学习带来的快乐，张学财对公司的管理人员明确要求加大学习力度，努力提高综合素质。不管是自学还是公司组织的培训学习，大家都积极参与，也取得一些成绩，28名管理人员和技术人员都获得了高级工程师、56人获得了中级以上技术职称任职资格，成为他的好帮手，与他一起共享学习带来的美好。

所以，很多人不会惊讶张学财的微信朋友圈里，他转发的那些人生哲理的文章和令人奋进的文字。他说那些属于心灵鸡汤的文字，他品读时如品一杯红酒，在那些文字中找到了自己的影子和走过的历程。

回忆走过的日子，光阴的故事里，张学财的感悟很深，他认同别人说的“农村的孩子，只能靠知识改变命运”的说法，面对那些家庭困难而渴求知识的孩子，感受到“困难的时候，真的希望有人帮你一把”是多么真实，所以他的事业蒸蒸日上之时，他兑现了当年暗自许下的诺言——积极支持社会慈善公益事业建设，不遗余力捐资助学、帮困扶贫。

百年大计，教育为本。他深知也从自己的身上感触教育是发展的基础之理，若要改变家乡的面貌，必须依靠知识、必须从教育抓起，唯有接受教育才能改变农村孩子的命运。自始至终，一直致力于捐资助教。他上任那年，出资1万元给上坪小学的每名小学生捐赠了一套学习用品，给学校捐助了1.5万元办公经费，同时购置了价值3.76万元的体育器材，使学校的体育设施更加完善，为培养学生德、智、体全面发展创造了条件。

2014 年 9 月，得知该县 5 名大学生因为贫困而无法上大学时，他主动帮扶，圆了他们的大学梦。

2015 年 12 月，为了支持县上的扶贫济困“光彩事业”项目，他捐款 100 万元。

2016 年，先后为吹麻滩小学、鹭岛幼儿园各捐助 2 万元；为临夏州希望公益服务中心捐款 5 万元。

2017 年 9 月，为全县教育精准扶贫基金会捐款 30 万元。

2018 年 8 月，在临夏团州委组织发起的“精准扶贫　圆梦大学”公益助学活动中，他积极响应，捐款 15 万元，成立甘肃伟凯助学基金，用大爱阐释企业社会责任，彰显人间温暖真情……

1 万，10 万，100 万，今天，张学财在捐资助学和扶贫济困等社会公益事业方面，已经累计捐款 300 多万元。

春耕备耕时期深入田间地头

2019 年 8 月，在参加全州脱贫攻坚先进事迹巡回报告活动中，张学财把近年来上坪村整村推进脱贫攻坚工作的经验做法分享给很多人，以《情系群众挑责任，脱贫不落一个人》作为发言题目，让更多的人了解到他及他与上坪村的故事：

“在全国上下大打深度贫

困硬仗，打赢打好精准脱贫攻坚战，实现贫困群众对美好生活的向往，是以习近平同志为核心的党中央做出的重大决策部署，是对人民群众的庄严承诺……

“新时期的村干部要成为‘服务型’村干部，关注民生，引导村民构建和谐新农村是关键。我们村班子努力让支部成为引领发展的主心骨，充分发挥党支部的堡垒作用，党支部坚强有力，党员群众才会跟着支部走。以党支部建设标准化为抓手，通过‘三会一课’等党内组织生活制度，教育党员、凝聚党员；通过无职党员设岗定责、党员承诺践诺、‘三亮三争’等活动，充分发挥党员的模范带头作用，以每一名党员为桥梁纽带，宣传群众、带动群众，推进了各项扶贫政策的落实落地。凭着一腔热血和勇气，怀着改变农村改变家乡面貌的理想，通过输劳务、办实业、献爱心、强产业，以久久为功的精神践行‘肩上有责，脚下有泥，心中有民’的为民情怀。截至 2018 年底，全村贫困人口从 2013 年建档立卡的 37 户 161 人，减少到 8 户 31 人，贫困率从 22% 下降到 3.7%，人均可支配收入达到 5630 元。

“‘干什么由群众说了算’，才能最大限度地发动群众。党支部以村民知情大会、‘两户’见面会、‘三说三抓’活动为平台，集体决议，先后拓宽改造村社道路 4 条 9 公里、实施异地搬迁项目 30 户、危房改造 32 户、栽植核桃苗木 1000 亩，有效激发了群众参与集体事务的积极性。同时，以冲刺清零实现脱贫目标的全覆盖，各项扶贫政策精准落实到户、到人，用好各级帮扶干部是关键。带领村‘两委’班子按照县、乡党委的部署要求，紧盯‘两不愁三保障’目标，依托包村干部、驻村工作队和帮扶责任人，扎实开展脱贫攻坚“3+1+1”冲刺清零行动，对义务教育、基本医疗、住房安全‘三保障’及饮水安全、户籍整治等方面的政策落实情况，采取‘过筛子’的办法，一户一户核查、一项一项清零。年初至今，实施危房改造和灾后重建项目 11 户，拆除有户无人危房 5 户，向符合条件的 37 户建档立卡户及时落实到户产业发展扶持资金，摸排问题全部实现了清零，为如期实现‘县摘帽、村退出、户脱贫’目标打下了坚实基础。以美化环境提振脱贫致富的精气神，组织动员群众美化村容村貌、营造良好的人居环境。今年 3 月份，县上部署开展了农村人居环境综合整治“百日大会战”专项行动，这是积石山县委、县政府在精神扶贫领域的视觉扶贫方面实施的又一重大举措。带领村‘两委’班子按照‘室内整洁、庭院净化、巷道硬化、村庄美化’的要求，加大宣传力度，针对村上‘三烂’‘五堆’等‘脏乱差’现象，把拆除‘三烂’、道路硬化、危房改造、精准扶贫等工作结合起来，积极动员群众，集中全村力量，通过就地取材、回收利用等方式，拓宽农路、栽植行道树、粉刷墙面、美化广场，农村人居环境发生了巨大变化，逐步破除陈规陋习、提高农村脱贫质量，增强了群众追求美好生活的信心和实力。

“我先后筹资 9000 万元，注册成立了甘肃伟凯房地产开发有限公司、伟凯牧业有限公司、伟凯建筑工程有限公司，员工 3000 多人，年产值达 5225 万元，近 4 年上缴税收 3800 万元，每年带出农村剩余劳动力 2000 多人。很多跟着我务工的上坪村群众，住上了新房、购买了新车，过上了好日子。2018 年底时，全村已有大小车辆 61 辆（其中小车 58 辆，大型运输车 3 辆），在县城和临夏市购房户达 68 户。

……

“我以劳务经济带动，推广农业新技术新品种，实施科技项目，发展循环经济，争取早一天把上坪村建设成为社会主义新农村……”

张学财在交流发言中讲述的他与上坪村的故事，赢得阵阵掌声。

面对未来，张学财满怀信心，依照他自己的话说，他凭着一腔热血和勇气，转型探索出了一条发展的路子。

村里发放基础母羊现场

大海航行靠舵手，张学财是一名舵手，一名年轻的舵手。身为一名艰苦创业的企业掌舵人，作为艰难起步发家致富的带头人，他凭着让家乡父老乡亲过上好日子的信念和善于吃苦耐劳的精神，他的工程队在积石山县站稳了脚跟，并慢慢地在临夏州创出了名声。他以董事长的身份，以优质高效的服务追求卓越的建筑质量，精心施工，努力打造精品工程、放心工程，在青海、内蒙古、陕西等省和兰州、甘南、敦煌等地都留下了奋斗的足迹。2005 年，他的工程队步入正轨，员工达到 85 人。

通过历练，张学财的建筑经验越来越丰富，承揽的工程也越来越多，每年带出的农村剩余劳动力达2000多人，从业人员最低年收入达到1.2万元。

在建筑工地现场

或许很多人不相信也不会相信，张学财带出去的建筑工人年收入最低达1.2万元，但是上坪人相信，相信张学财最大的心愿不是自己赚了多少钱，而是他在自己致富的同时，怀着改变家乡贫困面貌的理想，从他带领乡亲开始掘的第一桶金开始，一步一步，探索出了依靠劳务产业艰苦创业脱贫致富的发展之路，在他的引领下，如今的上坪村，已成为柳沟乡劳务输出的“领头羊”，全村人收入的80%来自劳务输出，全村120多户农民通过劳务输出过上了富裕的幸福生活，走在奔小康的路上。

在积石山县，在柳沟乡，只要提起他，无人不知、无人不晓，特别是在那些常年外出务工的村民眼里，他更是一个带有传奇色彩的领军人物。

一个农民企业家，不仅要有创业的勇气，更要有做大做强企业的决心和信心。

张学财的信心和决心让自己勇于直面困难，挑战自我，自强、自立、自信并大胆创新，在自己选择的路上前行！

五

生命本质中的轻灵、简洁和华美，毫无牵绊地被河流所包容，削去了生活片段中的繁枝碎叶。

在县城忙碌奔走，在省城开会，在发展前沿的城市学习，那个宁静、朴素的村庄，以及与村庄有关的一切，在梦里获得释放。他的这一生，无论怎样行走，是离不开上坪村的，他心中环抱的质朴，把幽思一层层剥开，沉浸于对生命本质的触摸与想象。

初秋，上坪村的一部分人还忙着摘花椒，花椒让上坪村人的钱袋子鼓起来了，他们明白，要不是张学财的坚持，他们当初不会栽植那么多的花椒苗。

天气晴好的一天，张学财自己开车回村，即便熬夜睡三四个小时，他也是精神十足，一点也不感觉到累。进村，停车，在村里行走，他的脚步轻快。

“银福巴巴（巴巴，方言，叔叔的意思）挖的虫草多不多？”

“花椒摘了大概多少斤？”

“去年栽的核桃树结的核桃多不多？”

“尕爷的身体怎么样？”

在村里遇见放暑假回到乡下的上坪村人的孩子

“张永前家的房子修到什么程度了？门窗安装了没有？”

……

见到村里人，见到孩子，张学财总是与他们说说笑笑的。他是喜欢孩子的人，有时候忙得不可开交的时候，好几天不见自己的儿子，他心里着急。儿子还小，却很聪明，察言观色没得说，发觉张学财特别累的时候，装作老成持重的样子，故意说一些大人的话，说日子过得难心（方言，苦的意思）啊，只能吃手抓羊肉了，就是吃，也有些木囊（方言，惆怅的意思）。张学财被惹笑了，便与儿子故意斗嘴。所以，在村里看到孩子，张学财与他们很亲近，像对待自己的孩子一样。

生活泛着光彩，闪烁着幸福，千百年来生长的传统物种和它们给人们留下的记忆，在上坪村村民的欢喜里展开，向往美好生活的气息在上坪村蔓延，他们的笑脸似乎被染红一般，他们面对媒体记者的采访，总感觉说得不够全面，没有把上坪村发生的大变化描述到位。

“前几年，路不好，去地里要么拉着架子车，要么用尕三轮；要不是修好了路，家里有车也开不进村。”5 社的张永良，特别满意他家门前整修好的那条路。

张永良家格外显眼，欧式风格的小洋楼，一看就知他家生活过得富足。张永良几年前回家养羊之前，一直在大河家镇开店卖农机具，比之村里其他人，他的眼界宽一些，思路也活。提及他为何回村发展养殖和种植业时，他说感觉到生意难做后，及时把店铺关了回村；说回到村里的感觉特别好，上坪村不是前几年的山村，发展变化大，家都翻修了，便养羊，两年就发展到了几十只……张永良说他的羊是吃苞谷和苜蓿长大的，属于原生态的绿色食品，因此他的羊很受欢迎，今天东家宰一只，明天大伙凑份子吃个“平伙”，羊不出村、不上集市就卖了。除了养羊外，张永良还栽植了薄皮核桃树，那是村里推广种植时，9 亩地全部栽植了核桃树，今年已经挂果了。

在率先住上别墅的张永良家言说喜悦

张永良说到自己的小洋楼时，腼腆地笑着。问及他的儿子时，他说去大墩峡看篮球比赛了，说年轻人在家没事干，爱篮球，就随他去了。张永良坦陈，他没有反对儿子去看篮球赛，他认为日子过得好，有个喜好是好事，比游手好闲强。或许有人不理解，初秋也是忙碌的，很多人忙得不可开交，他的儿子却那么悠闲。其实，说到底，还是经济基础决定了上层建筑，生活过得好了，当然要让精神生活变得丰富。

张学财说上坪村民风淳朴，惹是生非的现象很少，因为在村民大会上，他表态说任何人可以找他，但前提条件是要说自己的事，如果议论别人家的事，他会拒绝。他在村民大会上强调的话语铿锵有力：大家要弘扬正气，要想办法自己致富，要抱团发展，要相互关心帮助，如果攀比和嫉妒，那么一个人还有什么进取心，怎么改变生活现状，怎么奔小康……

与贫困户交谈

有些村民起初对他的那些话不太理解，但是时间一长，也就明白张学财的良苦用心，为自己的小日子过得红火精打细算，没有时间说闲话搬弄是非。

2 社的贫困户张永前，对摘的近 1000 斤左右的花椒，难掩欣喜，也满是羡慕地对张学财说：“张永福家的花椒今年收成好，大概要摘3000斤左右！”

张永前是精准扶贫户，母亲近乎瘫痪、常年在炕不能下地，父亲腿脚不灵便，妻子又是失聪之人，儿子17岁时又得了白血病，加之他又有哮喘病，一家人的身体都不好，没有劳力干活，又没有经济收入，生活自然过得艰难。

2015年，张永前家符合国家补贴项目补助翻修房子的条件，但是张永前却一再推诿，以没有水泥、没有砂子为由，拒绝翻修。张学财等人多次劝说无果，无奈之下，张学财出钱一一解决了张永前罗列的困难，让他享受了国家补助的2.5万元，翻修了3间房屋。

之后，张学财与村“两委”班子人员开会研究后决定，让张永前任2社的社长，让他树立起对生活的信心，从精神上帮扶张永前脱贫。

张学财的这一招很灵，张永前自从当了社长，操心的事多了，与大家打的交道也多了，人也精神了，可是他对于自己家的事还是老样子。2018年，他家符合条件，可以享受3.5万元的危旧房改造项目的补助，如果算上花椒的一些收入，他完全有能力翻修房子，但是他不愿意享受补助，说一家人都是病人，用不着翻修房子。

张永前比较固执，谁劝说也没用，于是，张学财与张永前的哥哥一起做他的思想工作，苦口婆心，劝说了好几次。张永前的态度依然不变，坚决不翻修房子，还一再声称新房子对他来说多余。一个“多余”涵盖了很多，张学财理解张永前的想法，面对与他岁数差不多的男人，除了同情更多的是怜惜，他明白张永前的难处，也知道张永前与所有人一样喜欢住新房子，喜欢穿新崭崭的衣裳，喜欢吃饱喝足后喝上二两小酒过舒坦的日子。

张学财懂得张永前不愿意享受国家补助的原因，知道张永前有自己的苦衷和难处，所以又帮助张永前，让4间新房在一家人的喜笑颜开中修起来了……

张学财对张永前的牵挂最多，对他家的事操心最多，只要办完事，每次都会去他家转转，看望张永前的父母，了解他们一家人的情况。

张学财看着张永前家的变化，他的心里舒坦，由衷地高兴。

“尕爷，你身子骨咋样？”张学财一见到张永前的父亲，立即掏出香烟给他点上，问老人的身体状况。

“大拿事（方言，指管事的人）来了啊？好，好，好！我好着呢，还是瘸三倒四的。”张永前的父亲抽了一口张学财点的烟，回话时满脸的皱纹似乎都笑意盈盈。

张学财握着老爷子的手，走进西房，向张永前的母亲大声打招呼：“阿奶，你好着没有？”张永前的母亲看到张学财，起初一愣，随后笑了。她的答话一成不变，谁问都一样：“死又死不了，就这样成废人，一天天地挪日子。”

“阿奶，国家的政策这么好，给钱盖房子，给钱救助，不好好活

在贫困户家

着，胡想什么呢？”张学财每次劝慰老人的话也一样。

说话间，张学财掏出200元放在张永前母亲的手心，老人的声音哽咽，推着一个劲地说不要。推来搡去几遍，最后才收下，但不停地嘟囔：“你每次来，都给我钱，这些年给的多了……”

张学财岔开话题，没再让她说下去，也没让她哭出声，然后又掏钱给张永前的父亲。张学财与他们的话匣子拉开了，说花椒的收成，说核桃树的挂果情况，说玉米的长势，说孩子的病情……还说大门怎么修，院子是不是小了？……

对于张学财的关心和帮助，张永前很感激，一一告诉张学财，说他摘的8袋花椒放在堂屋里，还有一部分没摘；院墙要外移一米，灶房也要修……

张学财很满意张永前对生活的态度，也满意他家的改变，离开时，给他建议院墙如何修会更好。等所有的事都办完了，才回自己家。

老家依旧整洁，葡萄架下葡萄一串串青翠欲滴，花坛里月季娇艳，园里果木葳蕤，藤萝满墙，花香满园，李子、早酥梨、核桃缀满枝头，西红柿、黄瓜、豆角、小葱、油麦菜、生菜、胡萝卜等长得有模有样，当然还有花花草草沿菜园小径盛开，鸟儿啁啾，有陶翁的结庐在人境之美。每次，张学财在菜园平整菜地或收拾，一干就是半天，丝毫不觉得累。曾经，有父母守着老家，他心里坦然，父母上了岁数，需要照顾，他坚持把老人接进县城与妻儿一起生活，一家老少三代人，生活过得甜蜜又幸福。只是离开乡村的父母，如果一两个月不回老家住几天，就会不舒服，不是这疼就是那疼。张学财明白父母的心思，也懂得他们对于土地的感情，所以尊重父母的想法，春天时送他们回老家住上一阵子，然后接回县城，夏秋两季也同意他们住在老家，天气转凉又接回去。张学财每天忙忙碌碌的，像陀螺一样，但是在父母不间断地回老家住的日子里，即使再忙，隔三差五回老家，要么与妻儿要么与妹妹们一起，在老家享受生活的美好。帮母亲收拾种植的果蔬，与父亲修剪花坛里的花木，那时他的心情敞亮，一点也不觉得累。

虽说是公司的大老板，但是张学财不会拒绝母亲分 3 份装好的小葱、菜瓜、包包菜及煮着吃的玉米棒子，一一放到车上，自己的一份带回家，两个妹妹的则送过去或是打电话让外甥们来取。张学财说那是母亲的心意，那是父母对他们兄妹的爱……

时间如水，哗哗流逝。时间是风，吹过田野。

记忆和思绪有时是裸露的，让人一览无遗，田野也是裸露着胸膛的，亦裸露着人间的心事。时间穿过张学财热爱的一切，他的心事风知道，那些心事在雏菊的金黄里，在粒粒花椒的麻香里，在核桃的青绿里，在上坪村人的幸福里安静着。他早已听懂了鸟儿的鸣叫和大地的声音，听了那么多年，他已经习惯于用安静的心守候自己的灵魂。所以他活得坦然，活得真实，活得像他自己，对得起自己的心灵。

在玉米地边

有人说张学财是上坪村的大当家，是上坪人的天使，是幸福的使者。不管是否是天使，不管是否是使者，张学财的头衔很多，获得赞誉也很多，在诸多的荣誉里，他认可自己是一名道德模范。他说道德模范是社会道德建设的重要旗帜，道德模范弘扬着真善美，传播着正能量，激励着大家崇德向善、见贤思齐，鼓励着全社会积善成德、明德惟馨，为实现中华民族伟大复兴的中国梦凝聚起强大的精神力量和有力的道德支撑……

有时，张学财会凝神静坐，怀想大禹治水三过家门而不入的坚决，也想象在黄河岸边的一角注目黄河时，那皑皑的积石山是否会感觉到他的茫然？他想到的都是自己的过去，流逝的童年时光，还有小村与他息息相关的故事。那时，他的心情都是潮湿的。

田野的思绪和心事会花白吗？他分明觉得自己的心事和思绪不仅

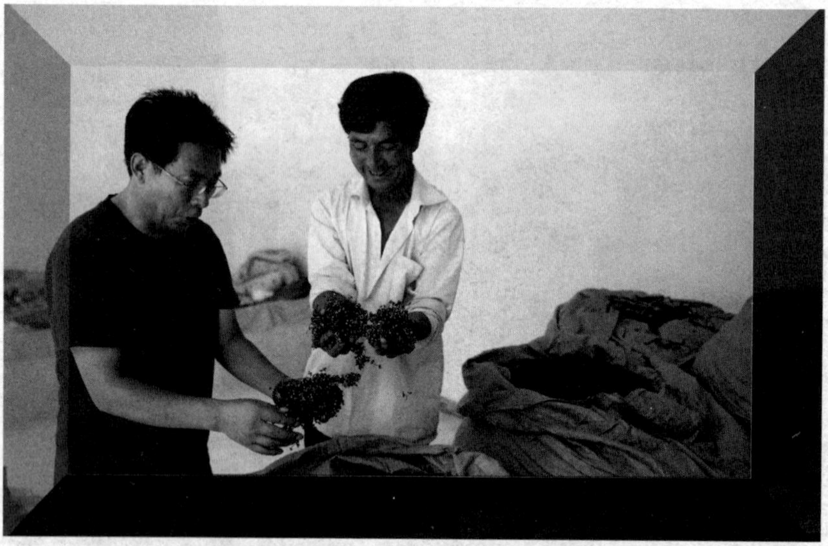

种植花椒是上坪村的致富经之一，与村民一起分享花椒丰收的喜悦

仅会花白，连所有故事都双鬓斑白以后，望着田野的方向，才明白一个人的根，依然扎在故乡的土地和田野上。

积石山的田野属于安享那方水土的人们，有风吹麦浪的欢呼，有青草摇曳的呐喊。张学财会和田野相对而坐，一块菜地，一块麦田，一缕炊烟，一张笑脸，一声问候，都那样亲切。

他也有怅然的时候，会在某个时刻回到乡下，向着一处风景站立；或一个人默默地行走，用沉默把自己的背影拉长；或与乡亲们划拳喝酒……

“刀子拿来了头割下，不死就是这个活法！”

寒来暑往中，“花儿”漫起的信念与执着，淋漓尽致张学财的活法，他在砥砺前行，在时光的流转中不断地传述一个又一个故事……

张学财近几年获得的荣誉：

2012 年，当选为积石山县第四届工商业联合会常委

2012 年，被评为甘肃省第六届创业带头人，并在北京获得第十届全国“创业之星”荣誉称号

2013 年，获得甘肃省建筑工程最高奖项“飞天奖”

2013 年，当选为临夏州青年企业家协会副会长

2014 年，被共青团临夏州委、临夏州农业局评为 2013 年度临夏州农村青年致富带头人

2015 年，被共青团临夏州委、临夏州青年联合会授予第四届“临夏五四青年奖章”

2016 年，被临夏州委、州政府授予“临夏回族自治州劳动模范”荣誉称号，被中共积石山县委评为“优秀共产党员”，当选临夏州第

十五届人民代表大会人大代表，当选中国共产党临夏州第十二次代表大会党代表

2017 年，荣获第十届“全国农村青年致富带头人”荣誉称号

2017 年，选举为“临夏州工商联副主席”

2017 年，推荐为甘肃省工商业联合会执委

2018 年，被临夏州精神文明建设委员会授予临夏州第四届“助人为乐道德模范”荣誉称号，公司在全州“百企帮百村”精准扶贫行动中获得先进民营企业称号，被临夏州农牧局评为“临夏州脱贫攻坚致富带头人先进个人”

在大爱中彰显人生价值的马宁

有一种情操叫爱心，爱心让鳏寡孤独者找到了家的温暖和生活的舒心；

有一种追求叫奉献，奉献让奉献者找到了人生的价值和奋斗的快乐。

马宁——一位心怀仁爱的奉献者，在岁月的洗礼中秉持着一名共产党员“不忘初心，牢记使命”的真心，一如既往，在大爱中彰显着他的人生价值！

——题记

一

有那么一些文字，读来让人感叹、感念、感恩。

有那么一份深情，隐藏在文字里，读来让人对其心生敬意。

今夜，月色正好，在一杯咖啡的醇香里，沉湎于一位不是文学爱好者的心情抒怀，或若有所思，或无比怅然，或有更多无法言说的情愫。

那些文字是临夏州民政局综合福利院党支部书记、院长马宁的一些工作感悟，于他而言是一段珍贵的记录，或许于他的同人而言则是珍贵的留存，或许于有幸读到者有灵魂的启迪，或许于普通人以珍惜当下珍惜拥有的感触……

那些感悟不仅仅是马宁在工作中的个人感悟，应该说是更多的民政人在民政福利事业方面做出努力的真实写照，是一个小的留声机，是一个人在投入情感工作怀着仁爱之心面对生命的纪录片。

那么，逐字逐句品读马宁写的一些感悟的文字，而后再去认识马宁，体味马宁的情怀，了解临夏州民政局综合福利院的点滴——

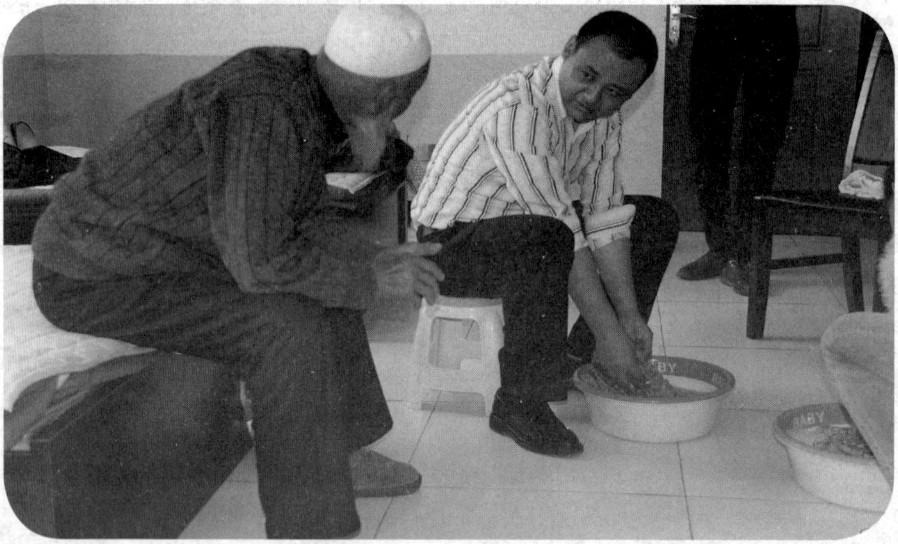

重阳节为老人们洗衣服

随记

每一个人从出生到蹒跚学步，再至耄耋老人，一生经历人世间的风风雨雨，面对幸福是什么？如何才能幸福？这些看似简单却难有标准答案的问题，想必每个人在不同的年龄段有不同的答案。

于我而言，我是幸福的，因为我在我的大“家”里很幸福。

我们的大“家”—— 临夏州民政局综合福利院是个家大业大的“望族”，有汉族、回族、东乡族、藏族等各民族男女老少好几百人，我是上有老、下有小的“家长”，既要哄老憨憨和小憨憨，还要“盯紧看牢”处于青春期的儿子与闺女们，对他们比自己的爹娘和儿女上心，否则，打个盹或许就会有“小官司”要断！

那么大的一个家，每天都会有喜怒哀乐的事，大大小小，吵吵闹闹的，有时虽然会影响我们的心情而有点小郁闷，但他们带给我们的快乐和惊喜远远超出那些小郁闷。那些幸福的瞬间有的已然忘记，有的印象深刻，不管遗忘还是铭记，那些微幸福丰富着我们的工作生活，让我们乐此不疲、让我们感觉很有成就感。

童心未泯的孩子们，他们对我们的叫法不一样，爸爸、妈妈、大大、叔叔、阿巴、阿姨、阿姆、娘娘、姐姐，院长、老师，不管他们如何称呼，我们都欣然接受，享受着他们发自内心的喜欢，习惯着他们给予的存在感，习惯着与他们相见和相处的分分秒秒。

有时候，个别孩子寒暑假时去了亲戚家，几天不见，心里居然空落落的，少了点什么似的。所以，在一份若有若无的空落落里，心有时会莫名地疼，被针扎了一下，尤其一些孩子对我们表达喜欢的时候，尤其他们把自己用心制作的小礼物送给我们的时候，他们的眼睛里闪动的那股欢喜、一丝丝羞怯，怕被我们拒绝的忐忑不安以及我们收下小礼物并言说感谢时他们撒腿跑开欢欣鼓舞的样子，心肠再硬的人看到也会眼圈发红，眼眶湿润。

我们的“家”，连着社会各界的爱心人士，也连着许多人尤其是民政工作者的心，更牵动着我与同事们的心，那些老人的幸福家园是搭建在爱心之上的，他们的幸福与健康牵动着很多人的心，他们幸福、他们健康、他们快乐，我们便快乐、便幸福。我们快乐着他们的快乐，我们幸福着他们的幸福，为了他们的笑口常开，我们大家都很努力，我也始终提醒自己：那些步入我们“家”之前与我们素不相识的老人和孩子，虽然他们的身份里带着一个“孤”字，虽然他们无法选择自己的身份而让“孤”字蕴藏了很多无奈，但是只要他们在我们“家”生活一天，我们就要尽最大努力，让各民族组成的“特殊家庭”变得温馨、让老人们安享晚年、让孩子们开心快乐地成长，让他们得到最温暖的关爱、拥有最贴心的呵护，便是我们人生最大的乐趣和收获，只要他们感到幸福，也不枉我们做的一切！

感悟之一

我值班的一个初春的午后，我在楼上楼下转悠，看看老人们，也看看孩子们，我的溜达式的看看已经成为习惯，每天不转转，好像缺少点什么。

孩子们上学去了，幼儿园的教室里小家伙们在跟老师做手工。老人部的阅览室里，几位老人在看书、看杂志，他们大多喜欢看关于健康知识类的刊物，也有喜欢读生活类的文章，还有人在专心致志地看《药补不如食补》一书。我甚是好奇，福利院的饮食菜谱，都是通过大家讨论制定的，他还看那样的书干什么呢？

看书的老人喜欢穿深蓝色的中山服，也喜欢戴一顶深蓝色的帽子，由于他的个高，肩膀宽，所以他穿中山服特别精神。如果他不是我们院供养的老人，如果不了解情况，我不会相信他是一位无儿无女的孤寡老人。

我没打扰他，我直接去看望马怒给丫阿姨老两口了。

马怒给丫阿姨老两口都年近八十，但一点也不显老，倒是很富态。院里老人们的房间基本一样，两张床、一个衣柜、两个床头柜、沙发茶几、电视、卫浴俱全的洗手间，他们俩心气高，把房间收拾得像自己家一样。他们喜欢喝三炮台的盖碗子，所以两个碗子总放在茶几上，柜子上除了插瓶的绢花，还有窗台上把油桶上端剪掉而成的花盆，白色的桶身，长方形，还苫了一块比“花盆”大点的塑料。揭开塑料，两个草芽伸着细嫩的茎秆，一拃长。马怒给丫阿姨憨憨地一笑，说种的指甲花，去年开了好多花，今年又把籽种上了。

每次去看他们俩，每次去他们的房间，他们俩满脸高兴，给我絮叨说房子里暖气热乎乎的，指甲花没种上几天就发芽了，床单被套是刚换洗过的……

人老了就喜欢絮叨，他们俩的絮叨不是诉苦，是给我说这说那，如我在家对我父母说院里的孩子们如何成长，说他们喜欢吃什么喜欢玩什么等等。我知道他们俩的喜好，知道他们的指甲花去年开得好看，花头大。我想着夸一下，但话还没说出口，他们俩有点不好意思，尤其是马努给丫阿姨，她笑得又开心又有些小小的得意，还说养指甲花哄心，在院里日子过得舒坦，享福了，看指甲花开得那么俊，高兴！

哄心？心是哄的？我理解他们说的那个“哄”字。他们的衣食住行全被政府包了，领取的养老金自己花，买个花盆、买些花儿养着，给房间增色不说，闲了给花施个肥松个土浇点水，修剪修剪，既打发了时间人也精神，那不是哄心是什么呢?

他们住的房间就是他们的小家，在我们福利院这个大家庭里，他们有足够的理由把自己的小家收拾得舒适又井井有条，我们更有责任把我们的福利院建设得温馨暖人，让老人和孩子们过得舒坦。

我喜欢我的习惯，喜欢这样的转悠，喜欢这样的走走看看，一有空就找老人和孩子聊天。看看回族老人，问问喜欢翻词典的汉族大爷，夸赞喜欢做鞋垫的阿姨们针线活做得好、针脚细密，看打太极拳的大爷们伸胳膊踢腿，看温室里他们种的黄瓜、辣椒、西红柿、胡子、茄子和豆角，喜欢与孩子们一起打乒乓球，喜欢与孩子们聊天，也喜欢与他们讨论偶像……日子蓊郁如温室里的菜蔬，洋溢着喜悦，那一刻我自信满满，浑身有劲，对自己职业的敬畏又深刻了。

治疗室里，因为感冒而治疗的两位老人，是东乡族和汉族老人，她们俩坐在病床上，聊天聊得嘻嘻哈哈，似乎感冒与她们无关，病痛是别人的事。如果不是我清楚她们的身份，有谁会猜想到她们都是我们福利院的一员，是老有所养、病有所医、老有所依安享晚年生活的人呢?

东乡族阿姨的老伴也是我们福利院供养的老人，他们俩上了年纪，再也不能下地干活了，再也不能靠着双手吃饭了，无儿无女，成了我们福利院的一员，来了大半年了，管我们工作人员叫服务员，总夸赞我们服务好，态度好。

“你说，人活一辈子，活到这个份上是不是该知足了？”

“当然知足，有个头疼脑热，院长或是服务员们知道了，问长问短，操心感冒好了没有，村里哪一个的后人会像他们一样啊？”

“如果我们早上不出门，他们就会跑到房间里看我们。凭良心说，就是有尕娃、丫头的人，也没有我们这样好的待遇，比一哈，好得很……”

我听到她们俩说自己，没有打扰她们，但是看到东乡族阿姨用盖头擦拭眼泪，汉族阿姨也在抹眼泪，心里不是滋味。

汉族老阿姨也是庄稼人，以她的话说，老者（老伴）走后，一直一个人过日子，饭吃得简单，住得也不好，最害怕下雨，一下雨，房子漏雨。到了福利院，管吃管住，有能说话拉家常的人，比起一个人在家里过日子，纯粹享清福呢！她说村里人都羡慕她，说她无儿无女过得那么好，像她那样过后半辈子，一辈子算哈畅（满足）了……

是啊，有政府买单，由国家给她养老送终，也算享清福呢！

记得她来的最初的几个月，不愿意与别的老人打交道，总是一个人闷在房间，话少，吃饭做什么都独来独往，与她聊了好多次，特意让她帮忙指导一些小事情，后来慢慢适应了、习惯了，变得开朗了。其实，她本来就是位开朗的阿姨，只是当初不习惯，自己心里又有些小疙瘩，那些疙瘩解开了，也渐渐习惯了院里的生活，话也多了，玩笑话更多，还喜欢聊天说她年轻时候的事和村里的故事。

我在思谋，阿姨们这样聊天说自己的不幸，说过上好日子享了清福，是因为我们眼里的普通生活，对于像他们一样的孤寡残障老人来说很难，就是普通人的普通日子，他们特别向往，他们做梦也没有想到有一天会过上这样的日子。

感悟之二

我们总是被社会各阶层的爱心人士感动、被“家人”感动、被陌生人传递的温暖感动，我们感动爱的无私、感动人间的美好、感动温暖给予的微笑和幸福，也感动因为大家的关爱而让老人与孩子们的生活充满欢乐，让他们忘记不幸与苦难。

如果到我们的福利院走走、转转、看看就该知道，住在这里的老人们，尽管曾经在思想上受到刺激，但成为我们院的一员之后，他们的生活不仅得到照顾，精神上也得到了安慰。

我们嘘寒问暖，我们忙这忙那，我们虽不是他们的儿女却在做着儿女应该做的事，他们在我们这里有朋友、有言语脾性相投的人，他们的衣食住行样样有人操心有人照顾，用他们自己说的话里的“舒心”一词，应该可以诠释他们的老年光景。

说到底，他们很满意我们福利院的生活，他们也常常感慨、念叨自己老了还有一个能让他们享福的地方。在我们的福利院，回族、汉族、东乡族，不管是哪个民族的老人，我们一视同仁，没有厚此薄彼，因为善待每一位“家人”是我们福利院的规定，也是我们所有工作人员一贯坚持的原则。

不是我自夸自说，我从他们的生活他们的言谈举止和目光中，没有感觉到他们孤苦无依的无奈和失落，相反，我读到的是幸福，读到的是踏实。或许我因为忙碌观察得不够仔细，看到的只是美好，忽略了一些他们不高兴不开心的一面，但是世上没有完美的人，大家相处，难免有小摩擦小插曲，我想那些是情有可原的。

我时时提醒自己，我要努力当好这个院长，要无愧于心，以一颗爱

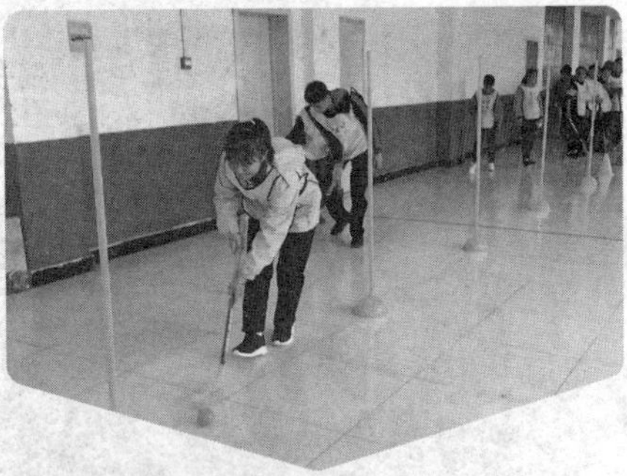

孩子们开展各类文体活动的快乐瞬间

元旦晚会老人与孩子们的表演及活动中老师与孩子们同台表演的一幕

心、感恩之心对待每一个人，即使有时被误解受些委屈，也是心安的。

有时，我在考虑，如果我自己的父母老了，我能够像对待院里的老人一样对待他们吗？守在他们身边吗？我不敢想，因为我与院里的老人们相处的时日更久，陪伴父母的时日却很少。我与我自己的孩子，我与家人的交流，有那么多吗？

一想到这些，我很惭愧，我也于心不安，没有尽到做儿子的义务，没有尽到做父亲的责任，把家甩给妻子，对于家庭的付出少之又少，心思都在福利院。还好，我感到欣慰的是家人理解我，他们支持我，父亲还一再叮嘱我要全力以赴，一定要把工作干好，把老人和孩子们的心操好……我感谢家人的支持，我感谢父亲的叮嘱，或许有人觉得我有些矫情，可是有谁知道我心里不是滋味呢？

在这个人世间，每个人的追求不一样，生活方式也不一样。我们福利院的老人，他们的需要很简单，简单到哪怕是一声问候，一个微笑，都能让他们开心。

或许，他们需要的只是一位聆听者而已！

或许，我们民政人就是他们的听众，要耐心地听他们的人生故事，听他们的喜怒哀乐，听他们的不幸与遭遇……

对于那些老人来说，福利院不是一个落脚点，而是有爱有情有温暖的家。把老无所依的老人和一个个心灵受到伤害的孩子，接回去，给他们解决衣食住行，给他们温暖给他们爱，福利院的意义就在此。

他们一日三餐外，喝茶、下棋、聊天、溜达、读书、锻炼，他们说与他们来院里之前的生活相比，现在是纯粹在享福，他们感到幸福，他们感到满足。

感悟之三

上有老，下有小。有时候，我感觉压力很大。有一阵，感觉喘不过气，感觉力不从心，不知道怎样才能照顾好院里的老人和孩子们，不知道如何做才能让他们感觉到福利院就是他们的家！

“孝子”不好当，“父亲”也不好当，感觉肩上的担子很重。

有时，面对老人的老去以及离世，心里不是滋味。尤其有些老人的生命走到了尽头，离开了人世，我们大家都很不好受，情绪也有些低落，但是对他们的后事丝毫不敢马虎。我会依照民族习俗妥善安葬，汉族老人有汉族的习俗，少数民族老人也依当地丧葬习俗，并没有因为住在我们福利院，亡故后失去该有的埋葬仪式。

有时，小的孩子来了，大的转眼十八岁了，考上大学或读职校，他们都会离开福利院，像羽翼丰满的鸟儿，翅膀硬了，要飞走了，我们会舍不得。我的想法有时候很奇怪，我希望福利院里没有孤寡老人，希望福利院里没有孤儿和残障儿童，希望福利院只是个摆设！我会失眠，因为院里的事而失眠，在那些失眠的夜晚，我内心总是很矛盾，辗转反侧，总是瞎想……

每天面对那些孩子，看着他们健康快乐地成长，我感到欣慰。

说实话，我有时候看上去很严肃，很多的时候会板着脸，其实我心里怜惜他们，但是有句老话说：对于娃娃们，给好心别给好脸。我赞同也认可那句话，我的父亲对我们，也总是很严肃的，夸赞与批评把握得很好，所以我与我的父亲有些一样。

孩子们很会察言观色，我们的一言一行，都会影响到他们的情绪，对谁的态度稍微不一样，说话语气稍有不同，其他孩子就会有想法。这

孩子们在游乐场玩耍

孩子们学习、体验科技两不误

些孩子很敏感，他们经受了失去父母的痛苦，他们的心很脆弱，他们很在意我们的态度，只有尽可能地一碗水端平，才能避免有些不必要的伤害。

所以，在老人面前我们是和蔼的和气的，在孩子面前则是宽严相加的，很多时候是严肃的。当然，特殊情况特殊对待，也不是一概而论的，是讲求方式方法的，每个人的理解能力和承受能力都不一样，要因人而异。

感悟之四

家是什么？家是心灵栖息的港湾，是灵魂歇息的温暖之地。

我们的福利院是把一位位心灵受到伤害的老人和孩子接回，让他们吃好喝好睡好，给他们温暖和爱，让他们饱受创伤的心灵得到治愈，让他们感受到幸福。

我们的“中国梦”，就是让福利院的老人和孩子“住有所居、老有所养、病有所医、幼有所育、学有所教、弱有所扶”，如此，我们幸福着他们的幸福，快乐着他们的快乐，他们的喜怒哀乐住在我们的心底深处，时时刻刻提醒我们自己的职责所在。

日子似乎平淡，也有小惆怅，但更有大美好，那些如火红的石榴一样的大美好，在我们福利院洋溢着美好。

让临夏州的各族人民像石榴籽一样紧紧相拥，紧密团结，相亲相爱，在州委州政府的坚强领导下，各项事业蒸蒸日上，花开满园绽芬芳。

我们民政人，在平凡的日子里，用一颗颗真心爱心装扮临夏大地，使临夏享有“花儿之乡”和“牡丹之乡”的美誉。我们民政人拥有牡丹芬芳一样的爱，让真情与欢喜在升腾。

让我们民政人的梦想如一只鹰，盘旋，俯冲，向着云端，向着更高远的蓝天，振翅而飞。

……

这，也就是我的心声，也可以说是民政人的心声！

无声胜有声，一段一段没有雕琢的心声，真实的表达，简单又朴素。

无声胜有声，平铺直叙的语言，道出了一个民族地区福利院院长与他的同事们的情怀，让民政人的形象跃然纸上，彰显出一名共产党员对本职工作的热爱，那份热爱是不改初心的忠贞不渝与坚守，是他们砥砺奋进的加油站！

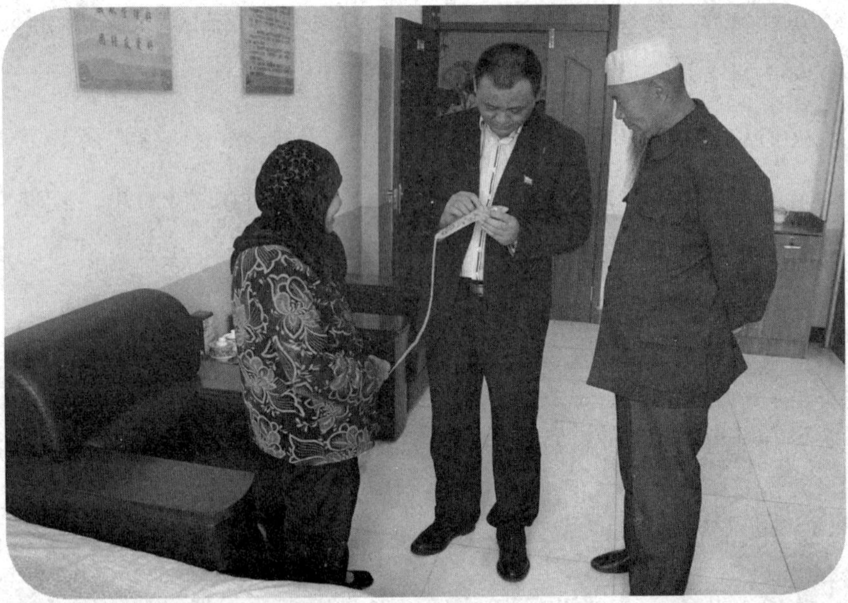

嘘寒问暖

二

大河汤汤，大夏河赋予的美好，洋溢在生活的字里行间和细枝末节处。

关爱的风儿吹暖了临夏州综合福利院供养的老老少少的心，在入院之前，他们虽饱受不幸与痛苦，但是因为有党和政府的关心，因为有不是亲人胜似亲人的关爱与呵护，他们是幸福的，生活是丰富多彩的，他们的微笑是发自内心的。

在临夏这个深度贫困的民族地区，马宁凭着对人生的价值与生命的理解，用一颗朴实的心谱写着一首关于临夏州综合福利院民政人的赞歌，规划着福利院的宏伟蓝图，用仁爱让在院供养的老人感知到了一份浓浓真情，用真心为院里的孤残儿童感知温暖，用真情书写了民政人为民服务的公仆情怀！

俗话说，心态决定一个人的心情，好心情决定一个人做事的效率。马宁就有一个好心态，所以给人感觉是内敛、随和、有气场，他的好心态感染着身边的人。作为福利院里几百人的主心骨，作为那个大家庭的家长。从而立之年步入不惑，虽然工作量大、琐事多、操心也多，可是四十出头的他，显得年轻，看上去像刚刚三十岁的人，言谈举止俨然是翩翩的青年，说话一点也没让人感觉沉闷，幽默风趣，完全没有院长的架子。

高个、大长腿的马宁是个很有眼缘的人，人长得帅，浓眉大眼炯炯有神，走路健步如飞，腰身挺拔，一看就有军人的气质，恰恰是他的那些气质、他的豁达与初心不改的品格，令他身边的人交口称赞，羡慕与钦佩不在话下。

马宁有军人气质是必然的，因为他出生在军人之家，自小受父亲的熏陶和教导，做事干脆利落，雷厉风行，与拖泥带水不搭界，他高中毕业便与父亲一样穿上了军装，步入军营成为一名军人。十几年的军旅生活，他被锻造得坚强果敢。团结服从、勇于担当、机智果断的工作作风和优秀品质始终贯穿他的生活，无论在军营还是转业成为一名民政人，他都一直保持着那个特质。

从 1997 年加入中国共产党，成为一名年轻的共产党员到今日，马宁始终以优秀共产党员的标准严格要求自己，担任临夏州民政局综合福利院院长伊始，他积极向上级党组织申请成立了临夏州综合福利院党支部，把“为党和政府分忧、让老人健康长寿、让孩子幸福成长”作为党建工作的出发点和落脚点，常态化坚持“三会一课”“主题党日”“组织生活会”等支部生活制度，不断完善和细化福利院党建和业务工作制度，坚持用制度管人、管财、管物、管事；不断创新活动载

民政部部长李纪恒来福利院调研

体，突出基层党建特色，组织开展老军干讲传统、党建知识竞赛、向困难职工献爱心等多种形式的党建活动；不断激发党员干部创先争优当先锋的主动性，让全院职工和全体院民充分认识到党支部在各项工作中的核心领导和引领作用。坚持从业务骨干和一线员工中发现、发展、培养党员，使支部由起初的5名党员发展到今日的10名党员、16名党员发展对象、8名入党积极分子，为福利院的健康发展提供了坚强的组织保障。

给老人们开展体检

在马宁的带领下，全院工作人员通过坚持不懈、努力奋斗，使福利院里的汉、回等7个民族、400多名城乡特困老人和孤残儿童在这个大家庭里幸福快乐地生活，因为孝老爱幼、因为和谐、因为一切井然有序又充满温暖，福利院先后获得了“全国敬老文明号”“全省敬老文明号”“全省医养结合示范机构”“临夏州民族团结先进集体”“临夏州最美孝老爱亲家庭”等荣誉称号，马宁自己也获得了“全国民政系统先进工作者”的殊荣。

日子在删繁就简中倏然而过，很多个精彩的每一天既简单又不平淡，却那般美好。作为那些老人的子女和孩子的家长，每天面对他们，马宁的心情起伏不一，尤其看到一些老人孤独的目光和一些孩子自卑怯懦的样子，他的心会疼，他知道自己给不了他们想要的，但是他可以努力去做，努力让他们感知温暖与关爱。

马宁说，我们中华民族尊老爱幼的传统体现在福利院的日常生活和工作中，体现在大家毫无血缘关系的相互关爱与呵护中，不管是我们的工作人员还是几位副院长，甚至民政局的局长们，对于院里供养的老人与孩子们的关爱，如涓涓细流，滋润着大家的心。从建院开始到现在，州民政局主要领导、分管领导对福利院倾注了许多心血，多年来，他们都坚守着一个工作习惯——利用业余时间，定期不定期地来到福利院，了解院里老人与孩子们的生活状况，嘘寒问暖，问吃得好不好、住得习惯不习惯……，还与老人们一起吃饭、拉家常、打乒乓球、观棋、欣赏老人们种植的蔬菜，排解他们的一些担忧，尽可能地让老人和孩子们感知到温暖和关爱。

寒来暑往，老人和孩子们也习惯了各级领导和社会各界人士给予的关爱，尤其是老人们，他们从最初入院的茫然到坦然，安闲中流露出对晚年生活的知足。

老人和孩子们的微笑与快乐，让马宁和他的同事们感到欣慰，因为自己的付出而心满意足。然而，有时面对老人们浑浊又渴望的双眼，面对孩子们纯真的目光和时而的自卑，面对一些老人的故去、孩子们的长大离开，他们会感到怅然若失，因为那些老人和孩子已经是他们生命中的一部分，是他们的亲人。所以，马宁在感慨万千，感叹生活之余，倍加珍惜福利院的一切，竭尽全力为福利院的发展奔波忙碌。

马宁说，孩子们的快乐很简单也容易感染人。比如 2018 年 5 月

24 日下午，院里邀请临夏市实验幼儿园的师生和家长入院，拉开庆“六一”系列活动的序幕，活动中一幅幅温暖的感人画面，让参加活动的一些家长和老师念念不忘。

那天下午，临夏市实验幼儿园的 256 名小朋友和 30 名家长，他们与福利院幼儿园的孩子们一起分享节日的喜悦，分组坐在小桌子前，一排排，一行行，整整 40 组。孩子们叽叽喳喳，交头接耳，初次相见一点也不陌生，看着桌上摆着油桃、小西红柿和优酸乳，他们笑着、说着、相互指着。

亲子活动、互送礼物，实验幼儿园的小朋友们给福利院的小朋友们送上玩具礼品盒，而福利院的小朋友们也为来参加活动的爸爸妈妈们呈上他们的手工涂色卡片，实验幼儿园送的浅粉、淡蓝、淡绿的奶油蛋糕被老师一一分给小朋友们，孩子们异常开心，笑着乐着，洋溢着快乐的温馨的场面一片欢喜。

两小时的活动很快结束，参加活动的临夏市实验幼儿园的一些家长，在自己的微信朋友圈发照片发所见所闻，还有发自内心的真情实感：

“儿童节前，能到福利院和自己的孩子一起庆祝儿童节，与福利院的小朋友参加亲子活动比赛，看到他们在活动中那样开心，我也很快乐，无论是对我的孩子还是对我，都是值得记住的一个有意义的儿童节。”

“福利院的小朋友们，虽然他们的父母不在了，但是他们生活在这个有温暖的大家庭里，有这些关爱他们的院长、老师，他们的童年会与我的孩子一样幸福，一样快乐！”

“我只想说，福利院的工作人员，你们辛苦了！祝福孩子们！”

“我注意到一个小男孩喝完一罐优酸乳后，走到几米外的垃圾箱前，把盒子扔进了垃圾箱，然后回到了座位。从他的身上我看到了福利院孩子们的好习惯，以小见大反映出福利院的孩子们健康快乐的成长，工作人员对这些孩子们的潜心教育是有目共睹的！”

……

家长们感慨和夸赞，孩子们开心、快乐、兴奋。马宁接受记者采访就那次活动的初衷、目的以及具体活动内容，言简意赅地说：院里搞创新，组织开展的系列活动，以孩子们的意愿为出发点，以真正的快乐为目的，让每年的节日过得都有纪念意义，并尽可能创造条件，让孩子们也充分享受游乐场里的乐趣，让他们与所有的孩子一样，童年不留遗憾。与实验幼儿园的小朋友共同欢度节日是第一项，目的是让城市的孩子和院里的孩子们交朋友，了解孤残孩子的生活；带孩子们到惠贝乐儿童主题商城看电影、玩游戏，体验院外的快乐生活；此外，去看马戏表演也是孩子们感兴趣、高兴的活动之一。

看到孩子们开心，马宁的微笑与孩子们一样，是发自内心的，是纯真不加修饰和掩饰的，是真正快乐的微笑，微笑里闪现着他的成就感。

爱是人世间永恒的主题，爱在陌生里传递快乐，爱是福利院看得见的花儿和听得见的鸟鸣，马宁与他的同事们在爱的国度里尽心尽力做事，丝毫不敢懈怠。

一些关注福利院的人都知道，一直以来，春节、开斋节、端午节、中秋节及“六一”儿童节和重阳节等，每一个节日来临前，院里都组织人员精心准备节目，使节日过得既温馨又有惊喜，特别是打消了一些特困老人由于环境等诸多因素造成入院后的某些心神不宁和不安，让他们在福利院的生活过得更温馨更快乐，从而进一步增强他们的幸福感和获得感。

如何让2019年的中秋节过得别具一格，如何给院里供养的老人们过一个与往年不一样的节日，如何把节日活动做到既不重复以往又有趣味性和知识性？马宁等几位副院长煞费苦心，几番商讨之后，决定在特困老人部开展主题为“情满中秋”的趣味活动。

于是，在工作人员及部分老人们经过积极准备之后，9月10日下午，院里供养的全院老人在特困老人部像孩子一样，尽情释放快乐，度过了一个温馨、祥和、幸福的下午。

活动中，两位老人表演的他们自己作词的快板《夸夸我们的福利院》，表达了他们感恩党和国家对孤寡老人等社会弱势、困难群体关心、关爱之心和对福利院的热爱之情；而特困老人部的护理人员精心准备的《猫捉老鼠》《破冰行动》《魔力转圈圈》《水上飞球》等趣味比赛，让老人们开怀不已，笑声、掌声、赞叹声中，梳子、钥匙扣等贴心的小礼品，更让他们乐不可支，异常高兴，他们的笑声回荡在福利院的角角落落……

季节的风飘来荡去的岁月长河里，很多人步履坚定地行走在温暖铺就的路上。走在那条路上，他们目光坚毅，神情肃然，虽然有的人饱经风霜，有的人容颜被岁月刻画了沧桑，但是他们的脚步铿锵有力而坚实，马宁与他们一样，也是那条路上的前行者！

清晨，马宁的身影在院中出现时，有些老人感到心安和踏实，在他们眼里，马宁和他的同伴们是他们的亲人与家人。

夕阳西下，马宁会溜达，他的目光被美吸引，夕阳与地平线相切，正在和大地吻别，满天的晚霞构成了一幅美妙的画图。他会用手机拍下晚霞，拍下流动的令他感动的那一刻。那一刻，难以言喻的美震撼着他的心，所以他会在洒满碎金的花园一角慢慢坐下，凝视美景，陶醉其中，回想自己在福利院走过的每一步。

自从踏入福利院那天开始，马宁被前任院长和同事们高度的敬业精神感动，他从他们身上学到了如何去关爱、如何去管护院里的老人和孩子，并始终告诫自己工作必须有很强的责任心和高度的爱心，只有两者融合到一起，才能焐热老人和孩子的心，让他们感受到爱的温暖和真情。

马宁不仅仅是一名院长、一名负责人，作为一名民政部门的工作者，他与他的同事们是福利院所供养的老人们的子女、孩子们成长的启迪者和呵护者，他的心在那个大家庭里，他每天的忙碌是为了给予大家庭的成员更多的幸福。他珍视、感恩、感念社会各界的爱心人士给予他们那个大家庭的温暖与关爱，他始终铭记他的父亲的谆谆教诲，自始至终牢记父亲叮嘱他在工作中必须“高度负责，无愧于心，让关爱如涓涓细流”的话语，他也时刻提醒自己干好福利院工作必须要有爱心和耐心、必须挑战自我、必须克服困难。

从意气风发的三十多岁开始，一眨眼在福利院已七年，已步入不惑的中年。马宁被历练得老成持重也变得温文尔雅，他明白环境造就人的重要性，所以特别重视孩子们的成长及教育，尽可能弥补他们缺失的爱，让他们得到温暖和关爱，从而干好爱人、育人的大事。

福利院的点点滴滴都牵动着马宁的心，所以他感慨良多，感悟颇深，每当他的内心被深深触动，每当他被一些场面感动眼圈发红，每当他自我反省自我审视，他会在微信朋友圈写下心情感悟，设置密码，那些简单又朴素的感悟，是初心与使命，是真心与真情：让院里的老人与孩子过得幸福过得快乐，不仅是我的使命，更是我的追求。自从当了院长，每天忙碌无比，虽没有达到“舍小家顾大家”的程度，但是无暇顾及自己的家是事实，还好家人理解我、支持我，让我没有任何顾虑，心思全在福利院的发展上，在院里的老人和孩子们身上。其实，作为普通人，我有时矛盾也很纠结，对家人的愧疚之情让我郁郁寡欢，然而每天看到院里老人们幸福、孩子们快乐，我的纠结荡然无存。相反，我感觉很踏实，忙得充实忙得有成就感，如此，我不敢有丝毫的懈怠，总是反思、督促自己，高标准高起点要求自己，自我加压，以压力促动力，在工作中尽职尽责，努力做一名优秀的院长，做一名优秀的共产党员！

三

冬去春来，花落花开，在季节轮回中，马宁和他的同事们以爱心真心，焐热了一颗颗伤痕累累的心，把爱默默传递给院里的老人和孩子们，让他们在大家庭里得到爱与温暖。

福利院的工作量大且琐碎，小事也是大事，因为有一颗勇于挑战的心，马宁顶着一个个压力负重前行的同时，把那些压力转化为动力，把内心深处对组织、对家庭、对福利院里供养的老人与孩子的忠诚和担当，把党的事业作为自己的职责和使命，把让服务对象满意作为自己不懈的追求，以勇气和决心，克服诸多困难，把院里的老人视如生身父母，把孩子视如己出，满腔热情和激情地默默奉献，一天、一月、一年，转眼好几年。

一直以来，马宁不忘初心，牢记使命，履职尽责，认真踏实地为福利院的一切忙碌。讲大局、不服输、创出养护新模式既是马宁工作的特点，也是工作的支撑点。在他的积极探索、大胆创新下，建成了

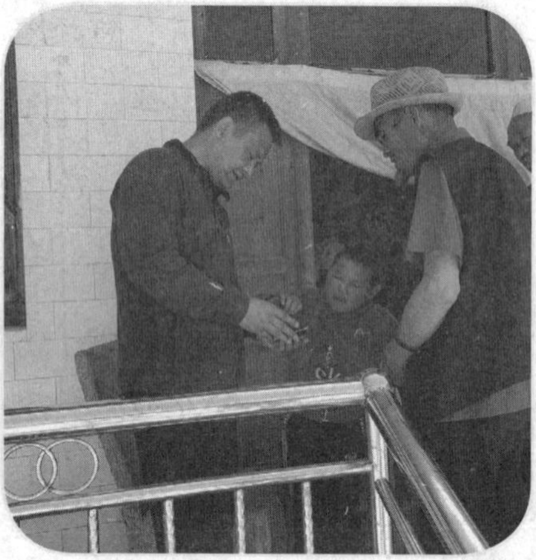

进行入户核查和定期走访供养人员家庭

带困境家庭中的供养孩子回家看望家人

全州第一所福利机构内设的中西医结合医院。在福利院建医院，而且是中西医结合的医院，这是何等的困难？但是，对马宁而言，困难不算困难。当初，为创办医院，他与几位副院长达成共识后，又利用休息时间调查研究，请教外界的相关专业人士，博采众长，最终通过考查论证，在院里实施“以养促医、以医代养、医养结合”的新型养护模式，不仅提高了福利院的养护水平，而且创新了福利院的理念。

寝室、医疗室、棋牌室、健身房、电视房、心理咨询室、康复室、礼拜堂等功能室，让老人们特别满意，他们从入院的那刻开始，便得到了管理、医护等工作人员全心全意的服务，在非亲非故的“亲人们”的关爱下享受着党和政府的关怀，感受着人世间最真实的温暖呵护。

每天，他们在健身器材上锻炼、在休闲桌椅边聊天、在多功能木质条椅上晒太阳，很是悠闲，他们的步调与走姿、他们的谈笑风生里，幸福和安心满满。

吃得好、穿得暖、住得好，老人们挑不出不满意的，因此，他们自发选举产生的楼长及宿舍长，主动协助工作人员开展各项院务工作，各显神通、各尽所能发挥他们的才能，积极主动参与各类活动，用一言一行表达他们对福利院的情感。

马亚东副院长说：“院里定期组织开展卫生先进宿舍、劳动先进个人、团结守纪先进个人的评比活动，老人们一点也没有不愿意，相反，积极主动参加之余，还特别认真，每次的评选过程中，他们像个孩子，行为都很可爱……”

马林老人说：“福利院是我们的家，建设靠大家。住在这里的每一个人，都想保护好我们的这个大家……”

院里老人们的故事，马宁了如指掌，马芬香和孙学忠两位老人刚来时拄着拐杖，行动极为不便，他们的心情很不稳定，在精心照料下，短短几个月，就很快适应了福利院的环境和生活，人也变得越来越开朗了，马芬香老人还当选宿舍长，为大家服务，操心一些琐事。

姚玉贤老人是福利院纳入的供养对象之一，老人入院的方式很温情。由于老人无妻无子女，长期独居，上了岁数，生活的难题接踵而来，马宁和同事们得知老人的情况后，经过全面了解进一步得知老人会理发，所以商议决定把老人先招聘到院里工作，为在院的老人和孩子们理发，等条件符合入院的政策后，才纳入供养对象的名单。

姚玉贤老人做梦都没想到，他会成为院里的一名工作人员，继而又成为院里的供养对象。马宁和他的同事们做的一切，让姚玉贤老人很是感动，他没有想到马宁与他的同事们为他考虑得那么周全，一次性解决了他当下的生活及如何养老的难题，打消了他的顾虑，让他老有所依、老有所养，对将来的生活毫无担忧。

只要有人去福利院，或者只要有谁的亲戚来探望，他们的聊天结束或来访者离开时，老人们会毫不夸张地炫耀："这里条件好得很，我们到这里享福来了，你们也来吧！"

来访者的羡慕也直言不讳："你们是在享福，你们是最有福气的人。穿得好，吃得好，什么也不用做。不用晒日头，不用操心天晴下雨，不用管庄稼长得怎么样，两手不沾水，等着吃现成饭，人让你们活了！""我们想来，可是不要我们啊，我们在家里老得动弹不了，什么都干不动了，才能像你们一样，除了吃就是喝，现在哪能像你们这样舒坦？"……

王喜全老人是永靖县关山乡石台子村的五保户，他自从入院，满脸喜气，逢人便说在福利院的生活："个人不用操一点心，吃得好，住得好！"

节日里，老人与孩子们在餐厅就餐

或许，对王喜全老人来说，他不曾想过老了会住进他说的像宾馆标间一样的福利院，不仅宽敞、干净、整洁，日常必需品一应俱全，饮食起居都有规律。

在福利院，在马宁的大家庭里，像王喜全一样的老人，他们曾经各有各的不幸，但入住之后，不仅在生活方面得到照顾，精神上也得到了安慰，他们活得高兴。院里工作人员的工作就是照顾他们的生活，嘘寒问暖，一日三餐，餐餐变花样，工作人员虽不是自己的儿女，可是对他们很上心，牵挂着操心着，他们不是亲人胜似亲人，在那个温暖融洽的大家庭里，他们的晚年是幸福的。

老人们脸上洋溢的幸福，映射出福利院的生活质量好，诠释了像马宁一样从事民政福利事业人尽职尽责的真心。

为了院里的老人老有所为、老有所乐，马宁与大家商量后，在院子里设置了多功能可移动式蔬菜种植箱和景观花箱，并修建温室大棚，把那些蔬菜和花卉“包产到户”到每个宿舍和院民，使大家都有了自己的“一亩三分地”，同时，温室大棚里的地块划分成一个组一块，想种什么由组内人员自己商量。

交谈

比之体育锻炼，比之散步、溜达、聊天打发时间，老人们更喜欢早饭或晚饭后去大棚侍弄他们种植的蔬菜。尤其是平素闲不住的老人，他们觉得有活干了，显得很兴奋，摩拳擦掌，一有空便钻到自己的“自留地”里，拔草、浇水、打尖等，地打理得井井有条，他们也忙得不亦乐乎。黄瓜、西红柿、胡子、辣椒、豆角、茄子、油菜等他们亲手种植的蔬菜，绿的绿、红的红、紫的紫，惹人喜爱。菜园劳动，一是锻炼了老人们的身体，二是培养了他们团结、协作、互助的团队精神。

马国良老人说：“我们几个人种的小白菜、萝卜已经长出了嫩芽。我们都是庄稼人，一辈子种庄稼与土地打交道，来到福利院，住的、吃的、喝的、穿的、用的都好，还有个人的‘自留地’，种点白菜、萝卜的，心里高兴。一辈子没有离开过土地，离开了还舍不得，现在好了，每天在菜地里转转，拾掇拾掇，很痛快，看着菜长得这么好，心里踏实！”

发自肺腑的话语，满心的欢喜，都展现在老人的话语和笑容里。令人感到欣喜的是，在菜地里劳动的间隙，他们交流种植经验，互相打趣，比谁种的菜长得好，比谁搭的架好，很是热闹。他们互帮、互助、互评，不仅增进了彼此间的了解，同时也建立了友谊，马宁看到老人们像孩子一样夸自己的小组，与其他小组比试的心气，他特别有成就感，也感到欣慰。

一切都按部就班，马宁以实际行动让院里的老人、孩子们生活得惬意。他在对实际工作做到滴水不漏之外，还积极学习业务知识，通过多种方式探索新的养老发展课题，其中“时间银行”便是他学习的一个方面。

“时间银行”是当下养老服务业发展中的一个崭新课题，马宁在学习过程中，害怕有遗漏或出差错，摘抄了关于“时间银行”的相关内容和知识点。翻开他的笔记本，除了工作感悟和心情记录文字外，关于“时间银行”，字迹工整地写着以下相关内容：

时间银行的宗旨是用支付的时间来换取别人的帮助，而银行是时间流通的桥梁。自愿添加时间银行的客户在需要时拿出自己的时间和其他成员交换服务，既解决了一时的困难，又彼此联络了感情，克服了现代社会人们互不往来的问题。

时间银行的出发点决定了它的特性是双向性。

时间银行不是一个慈善组织，它只在供与求之间发挥穿针引线的作用。因此，参加时间银行的人不需付出一分钱，只需将自己的时间存入时间银行即可。

成为正式成员后，时间银行会给每位添加者 10 张支票，时间银行成员可用支票表示时间的支付情况。支付一次，帮助自己获取别人提供的一次帮助，反过来自己也能接受别人的支票。因此，自添加那天起，时间银行成员就要做好准备，既可得到别人的时间与帮助，也要准备在时间允许时为别人付出时间或提供帮助……

四

2018 年，一切在收获的季节里饱满，福利院的秋天也是饱满的，美好的。

一个细雨蒙蒙的下午，老人们正襟危坐在会议室里，等着州民政局组织召开的局机关人员和福利院的全体工作人员与供养的老人们进行的安全生产大排查、大宣传、大培训的工作部署会。会议如期召开，州民政局邀请的州安监局和州消防支队的专家，详细解读了《甘肃省党政领导干部安全生产责任制规定实施细则》，并生动讲解了日常消防安全检查内容、火灾扑救、火场逃生等消防安全常识和灭火器操作方法。

“提起灭火器、拔下保险销、压下手柄、对准火源根部扫射，这是干粉灭火器的基本使用方法，这类灭火器适用于扑救各种易燃可燃液体、可燃气体火灾以及电器设备火灾等。”课堂知识讲解后，为了进一步掌握消防器材的正确使用方法以及提高逃生技巧、自救逃生技能，在办公楼背后的空地上，准备进行演练。

时任州民政局局长周子良，在等待演练开始之际，与身边的老人聊天。他没有打伞，与大家一起站在微雨中，与老人交谈甚欢，两人时而开怀大笑，时而擦拭落在脸上的雨珠。

天气不给力，起初是微雨，演练开始几分钟后，转成了中雨继而大雨，虽然雨下得有点扫兴，但是演练没有终止，在雨中继续进行。演练工作人员依照消防人员的演示，举着灭火器，对准火源灭火……

2017年举行的安全演练活动也令人印象深刻。那天下午的演练像一幕情景剧：“老人院二楼突然着火，火势难以控制，即将威胁老人和养护人员安全，请指示！”“立即启动火灾事故应急处置预案，迅速组织现场人员疏散！”随着一声声急促而沉稳的口令，福利院微型消防站人员手提消防器材迅速扑向火情现场。

老人们在养护人员的带领下，用湿毛巾半捂着脸，微低着头猫腰迅速而有序地撤离；刺耳的警笛声中，全副武装的消防员从台阶一跃而下，铺水带、接套管、抬水枪，立即展开扑救……

为筑牢安全生命线，马宁始终秉持“安全至上、生命为天”的工作理念，积极向上级汇报，多方筹资近千万元，进行了消防设施升级改造和安全事故隐患的排除整改，建成了常规制度完善、应急措施得

消防安全演练现场一幕

力、设施功能齐全的安全保障体系，将安全生产提升到讲大局、讲政治的高度，建立健全消防、卫生、食药等一系列安全管理制度，一次次修订火灾、地震、食物中毒、重大疫情等突发事件应急预案，明确工作流程。与此同时，建立微型消防站，每周开展安全大检查和演练，提升员工的应急防范能力。因此，2017 年 5 月，福利院被抽签确定为国务院消防安全目标责任考核组考核甘肃省政府消防安全目标责任应考单位，在进行现场督查和考核时，福利院应急抢险队员仅用 3 分 10 秒完成了紧急集结和设置险情的处理，考核组的领导们很吃惊，不约而同地竖起大拇指纷纷称赞说："一个福利机构的应急抢险队员，能有这样的应急能力和素质，都快赶上专业的消防战士了……"

生命重于泰山，安全高于一切。消防安全疏散演练活动的顺利开展，增强了福利院对突发事件的应变能力，使抽象的安全知识变成了具体的实战演习，使大家明白安全生产永远在路上！

由于马宁的居安思危、防患未然，几年来，福利院不仅从未发生过一起安全责任事故，还先后获得"临夏州食品安全示范食堂"和"福利机构消防安全示范单位"等荣誉称号，州消防安全重点管理单位。省内其他地区福利机构也多次到福利院观摩学习，借鉴做法。对此，马宁深有感触地说："安全是一切工作的生命线，只有牢固树立安全责任重于泰山的意识，才能将安全隐患消灭在萌芽状态，院内供养对象的生命、财产安全才会有保障，也才能使老人孩子享受幸福快乐的生活。"

五

一花一世界，在福利院的温暖里，一天一天，日子翻开着新的一页。

阳光洒满大地时，习总书记向世界做出“小康路上一个都不能少”的庄严承诺后，福利院把精准认定、精准供养，助力脱贫攻坚作为实施困境人员集中供养的工作之一，为了实现稳定脱贫，建立了延长供养年限的机制，并且定期对困境儿童家庭进行入户走访，保障了困境儿童进入、退出的动态管理机制运行的畅通，这种供养机制对当前的脱贫攻坚工作起到了一定的助推作用。

马宁认为，临夏州作为“三区三州”的深度贫困地区之一，民政公办福利机构在完成正常救助养护工作之余要勇于探索，大胆创新，拓展和延伸机构职能，助力精准扶贫，积极开展建档立卡家庭、残疾人家庭、低保家庭、边远山区无人照顾的特困老人、困境留守儿童和残疾儿童救助养护工作，践行“民政为民”的大爱情怀。

正是基于这一认识，近年来，马宁多次带领工作人员深入特困家庭走访，摸清摸准一线困难群众需求，按照“贫中保困、难中救急”的原则，将部分困境家庭老人和残障儿童纳入福利院集中供养，不仅保障了那些弱势群体的合法权益，更重要的是解放了这些家庭的劳动生产力，创造收入缓解家庭贫困状况，尽快实现脱贫奔小康。

积石山县的马明秀、马俊儿、马英青姊妹三人，因父亲去世，母亲又是一位间歇性精神病患者，病情发作时离家出走等现象时有发生，三个孩子的日常生活陷入困境，她们举步维艰，都是靠亲友及街坊邻居接济和照顾。马宁得知情况后，带领工作人员入户走访，了解到她们的实际家庭生活状况，将她们接到州福利院生活，给她们买衣服、买书包，带她们吃汉堡、逛超市、进游乐城，像对待自己的亲人一样，尽可能地给予她们温暖和爱，细心安排和照料她们的学习和生活。从踏入福利院的那一刻起，她们的生活里注入并种下了关爱、温暖和感恩的种子，她们三人的目光不再充满忧伤和胆怯，自卑感也渐渐消失，话多了，脸上也挂着笑容，快乐开始显现……

暖心暖人的事在周身洋溢，犹如晴空下枝头若有若无涌动的芽苞，升腾着暖意和爱意。

对院里的孩子，能做到让他们开心、开怀，让他们享受童年该有的幸福和快乐，给他们爱与温暖，对没有血缘关系的孩子们给予父爱和母爱，给予人间最恒久的关爱，马宁和同事们特别不容易！

时至今日，在大家的共同努力下，福利院以突出困境家庭老人、儿童救助保护助推脱贫攻坚工作，先后收养困境儿童、特困老人80多人，成为困境儿童生活保障的“及时雨”，保障老人、儿童合法权益的“助推器”，维护社会和谐稳定的“减压阀”。

因病致贫乃至家中有失能人员的贫困户，历来是脱贫对象中最难啃的“骨头”，几年前开始，临夏州民政局经过深入调研后，拓展和延伸全州福利机构职能，积极开展了建档立卡家庭、残疾人家庭、低保家庭困境留守儿童和残疾儿童救助养护工作，按照“贫中保困、难中救急”的原则，将部分困境家庭儿童纳入福利院集中供养，彻底解决贫困家庭的后顾之忧。肢体一级残疾的马外西木，多重残疾、无自理能力的马牙黑牙，单亲家庭且父亲患有精神障碍的马小龙、马小兰、马友正三兄妹，还有与马外西木一起办理入院手续的其他几名东乡县的困境儿童，都成了福利院集中供养的孩子。

一人失能，全家失衡，失能人员家庭脱贫很难。院里对贫困家庭的困境儿童实行集中供养，其目的就是为了减轻贫困家庭的负担，解决后顾之忧，解放劳动力，让他们积极开展生产，脱贫增收。因此，福利院供养的残障儿童、贫困家庭儿童及困境儿童达 130 名，占供养儿童总数的 39%。同时，内设的幼儿园还免费招收了辖区内困境儿童中的 62 名学龄前儿童，如此，有效解决了困境儿童监护缺失、失学辍学、重病重残、家庭贫困等方面的问题。那些孩子到福利院后吃穿不愁，教育、医疗有保障，实现了由捉襟见肘的“生存照管”到一举多得的“专业护理”的转变，而在大家的呵护下，他们在福利院感受到了温暖。

为了福利院的老人与孩子的生活的幸福，马宁与他的同事们乐此

与同事们一起参加公益植树活动

不疲地操劳着、奔走着、奉献着，他们无怨无悔，心甘情愿，他们是一枚闪闪发光的金子，灿烂着自己的人生，照亮着梦想的高地。

马宁说，只要幸福与快乐在福利院成为悦耳又喜人的不可或缺的元素，那么，所有的付出都是值得的，再苦再累也是心甘情愿的。

那些像马宁一样心怀大爱的人，他们虽无惊人的话语却有温暖的笑容，虽无动人的壮举却有细腻的情怀。他们用一颗爱心在平凡的工作岗位上，默默无闻、任劳任怨，用真情真爱谱写着一曲感人的赞歌。

美好在视野里漾开一幅画，春天般的温暖里，幸福的味道也在一个个故事里显现。一个微笑，一个眼神，一个美好的遇见，当然还有一份爱，一份提及心动又温暖的爱，浅淡在关于爱关于温暖的故事中。

那些故事里，他们既是主角又是配角，此外，他们还是编剧或导演！

六

微笑是盛开的花朵，为了老人与孩子们盛开的微笑，马宁与他的同事们是园丁，有他们的辛勤浇灌与百般呵护，花儿如期盛开，一片灿烂，芬芳院里的角角落落！

美好总是令人着迷，因为总是有一条路，洒满了阳光，那条路名曰“尊老爱幼”，风与阳光用欣喜铺陈着那条路。

行走在那条路上，马宁总是把目光锁定在孩子身上，他的目光时而严，时而柔和，唇角时而微笑，时而神情庄重，凝视福利院的时刻，他的眼神多了一些坦然，他感到欣慰。虽说他是院长，但是有些孩子不怕他，他的微笑，他的和蔼，甚至他空闲时参与到他们中间一起跳绳、做游戏时，一串串欢呼声和掌声，以及因为他的参与而带给孩子们的快乐，在福利院里形成一道道风景。他的每一天，镌刻着担当与初心的真，在他的人生纪念册上留下美好。

不得不为马宁和他的同事们鼓掌喝彩，不得不佩服他们的仁爱之心与敬业精神。而让人感动的是，马宁会带着院里懂事的孩子给老人们洗衣服，让那些孤寡老人在福利院享受到天伦之乐。

让我们想象一下那个场面：一件件衣服放入盆中的那刻，马宁挽起袖子揉搓的那刻，跟着给老人们洗衣服的孩子们的内心是柔软的，也是深受感动的，他们在洗衣服的过程中享受着马宁传递的温情和父爱，享受着爷爷奶奶的夸赞与感动。那是温馨的，那是欢快的，那是值得回忆和怀念的，没有血缘关系的人走到一起，一起欢笑一起过日子。

人生路上，那些老人与孩子们虽有遗憾，但是他们却得到了他人无法企及的幸福、关爱、关心与呵护。

民以食为天，老人与孩子们舌尖上的幸福，从食堂里张贴的食谱安排表可以洞悉。馒头、稀饭、姜汁菠菜、米饭、干炸草鱼、蘑菇炒肉、烩面片……一日三餐没有重复，营养搭配均匀，老人与孩子们吃得可口。食谱不是随意确定的，而是由福利院老人代表、值班院长、后勤管理员、厨师长、采购人员以及工作人员等共同确定的，厨房工作人员严格按此食谱进行加工，无特殊情况不会变更。

5 岁男孩林永福，因患有严重脑组织发育不全和癫痫症，刚出生就被遗弃在街头，由于器官功能严重缺失，他连基本的食物吞咽功能都不全。福利院收养了可怜的小永福后，马宁多次亲自带小永福到各级医院寻医问药，吃苦受累，就医途中睡通道，给孩子喂奶粉、换尿布，寻医问药、找专家，克服种种困难。为了给小永福治病，这些年不知问了多少人，换了多少诊疗方案。

马宁的辛苦有目共睹，马宁对小永福的态度大家一清二楚。在他的带动下，通过护理老师们对小永福不分昼夜、无微不至、“不是父母、胜似父母”般的细心照顾，小永福的吞咽功能正在慢慢恢复。平日里，小永福一个无意识的举动，一声牙牙学语，一个笑容，都深深地触动着这些“爸爸、妈妈”的心灵！其实，在福利院的障碍儿童部，像林永福那样的孩子还有很多，他们有的目光呆滞，有的动作缓慢，不管那些孩子们怎样，只要是院里的一份子，大家都任劳任怨、尽心尽力照顾他们，没有因为他们身体残疾或智力低下而嫌弃……

由于爱与快乐洋溢在福利院，由于在马宁和他的同事们的身上显现着可贵的工作品质，国务委员王勇在视察州福利院时对福利院摸索总结出的残障儿童养护工作中“四个快乐”的服务理念，给予了高度的评价和认可。

场景在延续，爱在继续，一切都那么的温暖和令人感动。

入院的妇女们，空闲时会绣花做鞋垫，飞针走线的娴熟不亚于当年。马宁观察后想到了一个两全其美的办法：给院里有劳动能力的老人们一个可以支配自己空余时间的场所，让她们发挥特长，做鞋垫等针线活，然后与她们商量，把她们做好的绣花鞋垫进行义卖。老人们特别赞同，劲头也足，她们丰富了生活，同时也增添了一笔收入。她们的一针一线里，有福利院的工作人员对她们生活的关爱，有为了不让她们寂寞孤单的想方设法，更有时时处处为她们谋幸福的点点滴滴。

马宁不仅对老人们察言观色得精准，对于每一位孩子的信息也都了如指掌。为了使孩子们从小树立理财观念，懂得努力就会有回报，他创造性地开办了“爱心超市”。孩子们在“爱心超市”里买东西用的不

院里搞活动的瞬间留存

是钱，而是平时的优异表现获得的爱心币，与“时间银行”有相似点。

马宁有句话说，一个从事民政福利事业的人如果没有一颗感恩与善良的心，如果没有心存大爱的胸怀，如何会干好本职工作？如何面对与自己毫无血缘关系的孤寡老人和孤儿？

马宁说得没错，假如一个人没有一颗感恩与善良的心，如果不心存大爱的话，哪有心思哪有温情去面对院里的老人和孩子？

马宁也在不同的场合呼吁，他希望社会各界人士有时间了，就多去福利院看看那些老人和孩子们，与老人们聊聊天、说说话，与孩子们谈谈心、玩游戏、看电视、读书等。他说与物质上的给予相比，他们更需要心灵和情感上的陪伴！

是的，任何人都需要陪伴，尤其是福利院的老人和孩子们，他们更需要大家给予陪伴，给予暖心的陪伴，哪怕几个小时，哪怕时间短促，对于他们而言都是幸福的、快乐的，是珍贵的！

坚持把简单的事做好其实一点也不简单，需要耐心需要持之以恒需要平常心，马宁做到了，在简单中不简单地、一如既往地让福利院变得更好。为了让一切变得有意义，他在淡然里雕琢着他的人生，画笔下的描摹不失风骨。

闲暇之余，马宁会仰望，天空依然那般幽远、深邃，却更阔更高了。那一刻，他的内心是柔软的，一样拥有暗藏的温柔，想到、看到关于父母关于亲情的文字时也会眼角湿润，看到一些与己无关却触动灵魂的场景时也会眼圈发红，被深深感动、被感染，在一些话语、一些片段、一些故事里常常无法释怀，因为他也是有深情的人，也是注重亲情和爱的普通人……

追忆过往，梳理过往，他感念生活的点点滴滴，他珍惜荣誉的来之不易，他记得同事们信任的眼神，记得与大家共同努力奋斗、携手共进的分分秒秒，他记得孩子们纯真的笑脸和老人们满意的微笑及感动的热泪，记得上级部门的鼓励支持，记得社会各界投来的关注！

生命在阳光下，在风雨中彰显珍贵，繁花似锦的日子里，马宁是歌者，用真心用真情用大爱在茫茫人世间吟唱爱的歌谣；马宁也是一本新时代的线装书，用奉献与执着的信念书写着人生的追求与价值……

追光逐影的胡兆萱

一

热爱大自然的人，尤其是那些背着照相机，追赶光影的人。或许他们是大自然的孩子，在一次次的行走中让热爱更加痴迷，美在他们的眼里，在他们追逐光影的晨昏，在他们阅读四季的眼角，泛着诗意。

在千千万万的追光者里，一位姓胡名兆萱的女子，在她追光逐影的人生路上，在行行摄摄中记录着唯美和质朴、苍茫与辽阔、豪放与婉约，她用汗水和执着叙写着她的人生和对摄影艺术的情有独钟。

每当有人说胡兆萱是了不起的女摄影家时，她总是扶一下眼镜，谦虚地说她不算，说与摄影家有一定的差距，自己仅仅是一名摄影爱好者，只是为了愉悦生活而玩，愧不敢当摄影家的称号；她还说因为自己还在学习摄影的路上，她要学的东西很多很多。不管怎样，在摄影的路上，她在潜心、耐心学习着她的师长及摄友们的摄影技术，取长补短，“一玩”就是多年。

其实，胡兆萱是中国摄影著作权协会会员、副首席代表、甘肃省摄影家协会理事、临夏州摄影家协会副主席兼秘书长，中国摄影家协会会员，用“愉悦生活、玩”表明自己的态度，表明自己一直在学习。

1969年，胡兆萱出生在临夏市的书香之家，她的父亲是《河州》杂志的编辑，经常把稿子带回家修改。她上高中时，不知是父亲刻意还是无意，让她在学习之余读他带回家的投稿文章，并说读后感或者评价文章。就那样，胡兆萱她接触了文学，她年轻的心在诗情画意里朦胧着美。

那些年，胡兆萱不会想到自己将来会拿起相机，用光影的美好与喜怒哀乐的瞬间铺陈她的生活，更想不到她的追求就是拿着相机东奔西走捕捉生活的美、记录光阴的美，让意想不到的收获翻转一次次的惊喜。

好多年了，她深深记得拍第一张照片时的情景。

与摄友们一起拍摄的一幕

好多年了，她没有对别人炫耀过，她用脚步丈量过的地方在每次的行走里定格了多少瞬间，那些瞬间在她的目光和镜头下成为传播和弘扬美的主题，成为一些摄影大赛和展览活动里吸引眼球的大片。

胡兆萱快人快语，爽性、大气，做事雷厉风行，是临夏摄影圈里的热心人，只要有求于她，只要她能办到，她都会言出必行，行必尽全力，与她的摄影作品一样，凸显着热情与温情。因为摄影，胡兆萱习惯了风风火火的行走，虽说五十岁了，但工作之余有空就在城市街头与山野的行走让她显得年轻，所以她的身上依旧漾着青春的气息和追求大美的激情。

幸福像花儿一样绽放在胡兆萱人生的字里行间，用镜头记录身边的故事、捕捉瞬间的美好，用光影勾画故事里的故事、让灵魂歇息，用光影彰显心迹是她笑而不语的独白，她的一幅幅摄影作品，如同她爽朗的笑和真诚，让读者眼前发亮！

咔嚓，咔嚓。一声声咔嚓于胡兆萱和她一样追光的人而言，那是世上最美的声音。光圈、快门、景深、曝光组合、慢门拍摄……专业术语被她用作品诠释得有自己的特色和精妙之处。摄影的心灵之旅，点点滴滴彰显在照片里，心迹所到之处的印痕，平和简静，让纷繁的日子简单，让灵魂在光影中安闲。

风景照片、少数民族生活风情的人文照片，富有无限想象力与张力而又朴素的作品，以超强的视觉冲击力，一一展现后，打包分类存贮在电脑和硬盘中。一个、两个、三个移动硬盘里的作品，是一本纪实的书，是一首首动人的歌，又是一部几百集动人的连续剧。

每一次的出行，每一幅作品的摄取，精挑细选及后期制作，都闪现着灵动，那是摄影家的情怀！对岁月的喜欢与爱，在胡兆萱的世界里被她表述得缤纷多彩。

那么，胡兆萱又是如何爱上摄影的呢？她的理由和原因很简单——留住当下，让记忆成为永恒。当然，还有一些原因如一些心灵鸡汤类文章总结的一样——保存记忆直到永远，找到日常中的美，能够与生命中重要的人分享，认识自己，摒弃烦恼，超越语言和文化的沟通，丰富自己，开阔视野……

常说记者有新闻眼，摄影家亦不例外，也有一双慧眼。胡兆萱用她的慧眼，无论是手机拍照还是相机捕捉，她从不敷衍，会拟定思路，找准角度，而后按下快门。

胡兆萱留意的身边之物很宽泛，譬如她的目光读取着光线、形状、色彩、质感、人物、建筑、树木、花朵……几分钟走完的路，因为眼角的光芒，或许会是半小时，走走停停，停停走走，拍几下，欣赏一番，然后挪几步又拍。下蹲，躬身，左腿弯曲身体后倾，甚至几乎头挨地，种种看似夸张的行为动作，都是她拍照选取角度的惯常行为。她的动作有时候也令人捧腹，如微信朋友圈里的关于摄影家拍照的动作，她的一个个动作很到位，自然又真实。

专心取景的瞬间

当然，因为拍照，她也吃过不少亏，摔倒、滑倒、磕磕碰碰都是司空见惯的事。有那么一次，因为与摄友们拍日出，右脚踝骨折了，她却没有告诉家人真相，没有告诉爱人真实情况，只是轻描淡写地说又不小心吃了点小亏。

那是五年前的夏天，是胡兆萱的儿子赵宇高考结束后的夏天，她与摄友们去祁连县的卓尔山拍日出。一路奔波，凌晨五点到了山脚下，一切收拾好准备上山时，她一不小心摔倒而使右脚踝受伤，别说登山，挪两步都钻心地疼。为了不耽搁摄友们的拍摄，她谢绝摄友的陪同，让他们上山去拍日出，她在山脚等候他们。

千里迢迢地去了，结果脚受伤而上不了山拍不了日出，胡兆萱感到很委屈，心里不是滋味，可是有什么办法呢？只能说自己运气不好，也怪自己不小心。

尽管遗憾无法登山拍日出，尽管脚踝肿痛，但是胡兆萱没有坐等摄友们下山，相反，她的委屈渐渐被目光里读到的欢喜填补，她开始阅读卓尔山脚下的清晨。于是，在阳光普照大地的时候，抓取晨光洒在青草上露珠的晶莹，捕捉到了卓尔山下夏日清晨的美。

不知不觉中，摄友们下山了。他们带她去医院拍片检查，结果不是简单的扭伤，而是脚踝骨折，所以打了石膏，在摄友们的照顾下归家。

伤筋动骨一百天，胡兆萱在家休息的一百天，自己能照顾自己的日子里，她没有闲着，整理了几万张照片，真个“不教一日等闲过”，休息得很有成就感。

除了那次受伤，胡兆萱的脚再次扭伤是2019年6月在康乐县，那次还是为了再次拍日出，她与摄友凌晨两点出发登莲花山，行至四天门时，她的右脚又扭伤了，旧伤加新伤，虽然她疼得龇牙咧嘴，但还

2015年，与摄友在青海省祁连县拍摄

是在摄友们的搀扶下，坚持登上了山顶，可惜没有如愿拍到日出。

两次严重的受伤，以及很多次的小伤，并没有影响胡兆萱对于摄影的挚爱，以她的话说就是痛并快乐着，休息一阵后，伤好了，她又行走在逐光追影的路上。

行走多年，学习多年，赶着时光赶着阳光的影子，胡兆萱忙得不亦乐乎，即使很多次的外出，花费了时间和精力，遗憾也多，客观原因和主观原因所致，每次外出也拍不到自己满意的作品。

二

都说摄影家是在用脚步和光影丈量人生与追求的，他们在捕捉精彩瞬间的分分秒秒中享受着喜悦。胡兆萱亦不例外，她在光影中喜悦着自己的人生和灵魂。

胡兆萱对生活的挚爱流露在她的哈哈大笑里，她用光圈、用速度、用西画和泼墨画一样的作品，凸显在她的目光里。一一欣赏，一一品味她的光影故事，美与感动宛如一首流淌的诗歌，直击心灵。

在某一时刻，她既是摄影人也是摄友们的模特，她长过腰部、瀑布一样的黑发与纤细的身影，某一时刻，在晨曦在黄昏在草原在花海在山野在田间，成为模特让摄友捕捉让他们真切表述。

风一样的女子，朴素又奢华的女子，对自己却有点吝啬，她可以穿几十元的衣服，然而在摄影装备方面却一点也不敷衍，给自己买了一台三万多元的相机。对于有房贷、车贷的工薪阶层而言，买三万多元的照相机，似乎很奢侈，但是，胡兆萱毫不含糊，为了追求，为了精神粮仓富有，她可以让衣食简单一些。

摄影人很苦，要依着光影、灵感，瞬间的表述就是心的表述。胡兆萱是最美的最平凡人中的一员，光影的故事里她在发现、捕捉、感悟、叙述、体悟着温暖、痛楚等众多况味，在言说时光。生活的悲喜，在“柔日读史，刚日读经”里令心智得到安宁、得到平复，家乡的美在美文美图的启迪里延展，脚步丈量的景致，至真至深至爱的作品，让她的人生体悟那么真切，风光、人物、建筑、民俗风情，自然与人文的完美交融，定格异

构思取景的片刻

样之美。

真实记录是摄影的生命，用心捕捉是难能可贵的，耗费精力与心力，还有心境，刚柔相济的作品总是呈现在胡兆萱所言的“玩”中。

胡兆萱在不懈努力着，她拍摄着人间的大美，也传递着人间的真爱，用目光解读着山水和人间的故事，也引领很多人阅读与行走。作为临夏人，她把目光抛向远方，而后立足临夏，呈现身边的美景美物美人，无言又无声却胜有声，几万幅作品认真表达并诠释着她的内心世界与思想认知。

她与诗人一样，在孤独中沉淀灵感，又沉湎并欢喜在那些孤独中。

为了能够拍摄出更多更好的照片，这些年来，胡兆萱数不清与摄友们拍摄临夏的风物而脚步多次丈量过的地方，也淡忘了为了记录临夏非物质文化遗产与临夏印记的方方面面多少次的出行，也忘记了为了视角更宽眼界更开阔而爬坡上山摔过的跤和草木划破肌肤的疼，秋风瑟瑟抑或阴雨绵绵抑或风雪漫天，她那朵女人花始终都盛开得那么美。

胡兆萱很是干练，与生活中偶尔的小鸟依人似乎不搭调，而恰恰是她的个性与特立独行，在某个朋友聚会时因为唱了一曲《哭砂》使得当时在临夏当兵的赵兴宏一见钟情。赵兴宏是宁夏吴忠人，与胡兆萱因为一首歌而谱写的爱情故事缘定三生，彼此牵手步入婚姻的殿堂。

爱的故事里，光阴的故事里，胡兆萱成了一名兵哥哥的爱妻，成为一名军嫂，他们俩的爱情故事也成为一张有味道的照片，张贴在亲友的眼底。

赵兴宏转业留在了临夏，因为一个人而爱上一座城。

于是，爱洋溢在胡兆萱的作品里，配文含蓄，被她抒写得精妙。有时候，赵兴宏是主角也是配角，时而在胡兆萱的光影里成模特，一

与爱人外出的幸福一刻

个个背影成为妻子镜头下构图的支点，完美一帧帧岁月的剪影。

赵兴宏的家人很喜欢胡兆萱，每次回老家都夸赞她的照片拍得好，每次她都羞涩地笑笑，享受着婆家人的喜欢，而婆家人也毫不掩饰对她的喜欢，无论是赵兴宏的姐姐还是兄嫂，或者弟弟、弟媳，都为她是他们老赵家的摄影家而感到高兴。

她也坦诚，喜欢什么说什么，直言不讳，与婆家的姑嫂相处得亲如她的亲姊妹，如她及她的作品被婆家的亲友们喜欢一样，她也喜欢着宁夏吴忠的乡间，喜欢着塞上人家的点点滴滴，也暗暗喜欢着老赵的乡愁。

十几年了，胡兆萱背着背包或举着相机在吴忠马莲渠的乡间小道与田野间停留，如在临夏北塬大地上的行走，自然真实，全然没有做作，洒脱自然。

阳光温暖，风轻云淡，胡兆萱享受着幸福，有爱有光影的幸福！

故事的故事里，胡兆萱在生活里继续着爱，与赵兴宏结婚二十几年，他们依旧甜蜜如初，言语还是那么柔情，让人羡慕、让很多人眼馋，一声“老赵”叫得柔情似水，又一声“老赵”喊得瞠目结舌，无论哪一声，他们的爱他们温馨的三口之家的点点滴滴也是她的一幅幅摄影作品，在赵兴宏欢喜及无言的支持下被调色、白平衡、虚化，亮度与色度都处理得恰到好处。

三

胡兆萱的热情，协会里无人不晓、无人不知，无论是帮助协会会员举办影展还是组织会员参加摄影大赛，她的热情与热心都是圈内公认的，大家都被她的人格魅力折服。

前行在摄影路上的胡兆萱是快乐的，因为大家的快乐而快乐，因为帮助到别人而欣慰。

一路走来，胡兆萱参与举办的摄影活动很多，不仅形式多样，而且一个紧接着又一个，譬如：“花儿为什么这么美”“走进东乡”“摄影家看油菜”“魅力康乐”“永靖黄河石林”“百名摄影家看临夏”“第七届中国原生民歌大赛”“油菜基地采风”和“摄影作品联展交流”等一系列摄影采风创作活动；又如协调组织四川锦江的38名摄影家在临夏举办的“锦江·临夏摄影人交流”活动、全州摄影创作培训班、“送欢乐、拍摄全家福”“聚焦临夏”“走进陇上杏花村”“聚焦和政”“积石山下风光美——大墩峡”“广河美丽乡村行”“聚焦临夏县精准扶贫”、全州摄影展，中国摄影家协会、省文联、州委宣传部举办的“深入学习贯彻习近平总书记文艺工作座谈会重要讲话精神专题研讨班”，甘肃临夏 2016“费加罗”杯生态环保公益摄影大赛等多次影展活动；与此同时，还组织摄影志愿者分别在临夏市八坊小学等学校进行了摄影培训进校园活动，让孩子们感知光影的魅力；此外，参与编辑了《临夏摄影作品专集》、庆祝临夏回族自治州成立 60 周年《魅力临夏》画册的采风创作、征稿等；协助组织整理编辑撰稿反映州摄影历史的《光影春秋——临夏摄影七十年》画册；与甘肃省现代摄影学会协调联系，组织会员参加该学会举办的培训、采风、展览、交流、研讨，尤其在“送文化下乡活动”中，协调组织协会会员一起深入乡村举办弘扬主旋律的摄影作品展，极大地丰富了基层群众精神文化生活。

摄影培训班的集体合影

有努力有付出自然有回报，她的付出让她不断地收获着累累硕果，几乎盆满钵满，若不提及，她的低调使很多人都不知道她的摄影作品多次获奖：

2013年，《雪中送炭》获甘肃省“迎新春书画摄影展”一等奖，并在《甘肃省迎新春书画摄影集》刊登；2015年，《山乡春耕图》获甘肃省第三届“美术书法摄影剪纸作品展”二等奖，作品《收获时节》在天津市文化广播影视局主办的“全国2015•美丽中国都市风采网络摄影展览”中获得三级佳作奖；2016年，《闹春》在甘肃省第四届“精准扶贫精准脱贫美术书法摄影剪纸作品展”获二等奖；2017年，《收获时节》在甘肃省新闻出版广电系统“喜迎十九大·翰墨颂辉煌”第四届干部职工书画摄影比赛获摄影类二等奖；2019年，《东乡印象》在“走进新时代 谱写新篇章”——“全国广播电视行业纪念改革开放40周年书画摄影集邮作品展”中荣获铜奖，并收入作品集……

其获奖之多，实在不胜枚举，但是，不管多有成绩与收获，她都在不断地学习，时常参加各类高层次的培训班，2013年参加了甘肃省摄影家协会在兰州举办的“甘肃省第二期摄影创作提高学习班”，2014年参加北京文化干部管理学院（2014年国家级专业技术人员继续教育培训基地）举办的摄影技术高级研修班，2018年参加了中国摄影家协会在河南三门峡举办的“全国地市、县级摄协负责人摄影培训班”……通过各级各类培训学习，胡兆萱的创作理念、创作思路、创作水平、理论素养等诸多方面都上了一个台阶，镜头下的一些故事愈发富有性情与思想了。

她记住了一位摄影家对她说的话：“我热爱纪实摄影，因为我热爱这片土地，一说到纪实摄影就想到扫街……扫街的意义就是用记录本土方式，反映影像背后的文化思考，并非对着大街的人、事物一顿盲拍……本土方式即本土摄影，是我的镜头和我所关注的方向，关注我身边生存的环境与社会变迁，是当前拍摄的大内容和大方向。用文化的思考和历史的眼光去观看并记录正在变化的时代变迁才是纪实摄影。记录生我养我的土地、身边生活和社会演变的影像才是本土。”

熟知胡兆萱的人都知道，她上班后因为工作需要，拿起了照相机，跟着老同事学拍照。好多年了，从工作需要拿着的一台海鸥相机到佳能数码相机，她在不断地学习，不断地接受新知识，从简单的拍照到摄影，她从工作需要也渐入喜爱摄影的佳境，并渐渐成为一名出色的摄影家，用心记录讲述遇见的分分秒秒。

那条摄影的路上，胡兆萱镜头下的万物不仅是临夏州的自然风光和人文风貌，还有从甘南大地到青海腹地，从太子山下到祁连山脚，从故乡到异乡，从身边到远方，桂林山水、凤凰古城、黄鹤楼、杜甫草堂，张家界、都江堰、九寨沟、贺兰山、青铜峡、黄河坛，行行摄摄的酣畅淋漓；从草原、山野、麦田、果园的自然之境到赛事活动上运动员们的拼搏与教练员们敬业的精彩瞬间，在胡兆萱的镜头下无不别有风采，令人叹为观止。

大概，她喜欢摄影而又有作为摄影家的本能，面对光影呈现的便是她需要感知的、触摸的风物，她会惊呼会惊讶会激动会跑前跑后找寻角度，更会与摄友同行时直言不讳地评论，探讨光圈的大小、速度的快慢、景深的要点等，在拍摄大美临夏展现魅力临夏的行走间，她有点自豪自己背着相机前行之路上“玩”的精彩和独特。协会组织的采风及拍照任务她几乎没有缺席过，即使再忙再累，都会克服困难参加。更多的时候，她被光影下不可方物的美、只影孤形的那些所感动，感动着河山感动着自己。面对目光掠过的一切，她会在一首心仪或喜欢的歌曲里沉淀心情，安静地发呆，闲闲地落座，哈哈哈大笑的爽朗，

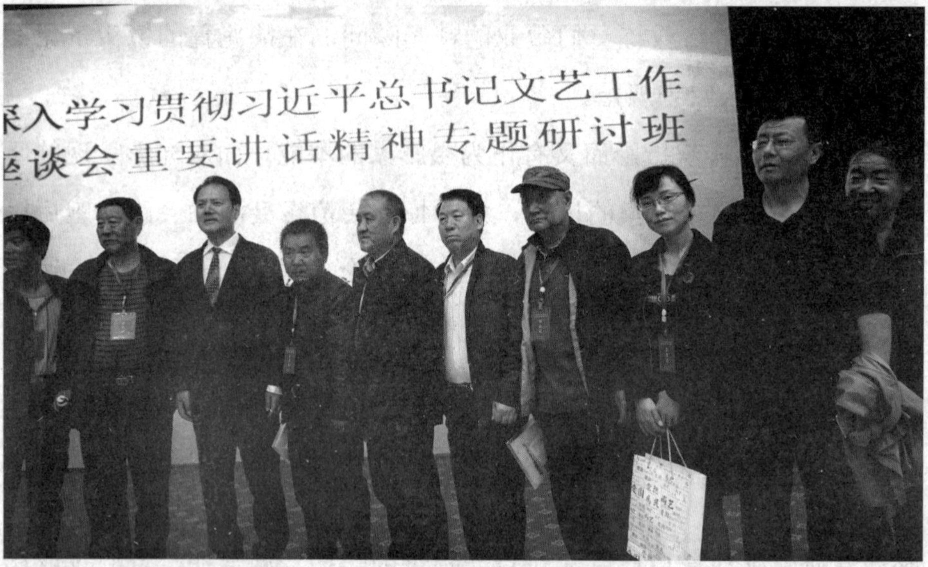

培训学习的留影

临夏风光掠影作品

弯腰右手捂嘴的习惯性动作，都让生活那么丰富多彩。

镜头下家乡的蓝天白云是那么的豪放、那么的悠远，越拍她觉得越不够，再也无法停歇。言及摄影的心路历程，胡兆萱说：“最初接触摄影，最初拿起照相机，她没有想到会一直坚持到现在，而且还会继续前行。初学拍照的那段时间，她什么都拍，对拍的事物很感兴趣，也很兴奋，无论是拍人还是抓拍，学到一点拍一点，跟着马平老师学习再学习。双休日，自己去公园、去乡下，温习角度、选择光影、找寻吸引人的事物。不知不觉，几年过去了，照片拍了很多，也感觉自己有一些进步，加之摄影圈前辈们的帮助指导，便愈加喜欢拍照了……”

后来，条件允许的情况下，她的贤内助赵兴宏开车载她，去喜欢的地方拍晨雾下的梯田、秋覆膜后梯田里银光闪闪的山野，一块块梯田如水漫过的几何图形，有规则又不规则，自然之美令人嗓子发干，一种说不出的感动让她热泪盈眶。她与摄友一起参加活动，一起赶时间追逐光，温情与信任让她更为珍惜他（她）们，他们为拍到好照片而欢呼而欣喜若狂，也为晚几分钟或是迟到半小时遗憾。但是每当她拍古建筑和文化遗址时，她连拍留存，她说她的内心总是被触动，悠久、厚重的历史文化，闪现着岁月的光芒和苍凉，中华文化博大精深、源远流长……

她的感悟除去对美景的欣赏及对家乡的情怀，还有对生命的敬畏与珍惜。

凭着内心对家乡的热爱以及对美的景象的执着追求，胡兆萱的足迹几乎踏遍了临夏邻近所能到达的山山水水、沟沟壑壑，拍摄出数以万计的照片，令她有时烦闷了整理那些照片时感动于自己，居然拍了那么多的照片，一张照片就是一个小故事，串起她左手相机右手照片的情缘。

与摄影家们在一起

四

凡是喜欢摄影的人都知道，想要完成一张好照片，绝非瞬间之功。除了相机好镜头好之外，还需有美学、文学、绘画、气候、时间、地理等方面的知识和素养，更要有独到的理念及创作思维，也需要眼力脚力脑力和笔力，更需要吃苦受累的执着。

胡兆萱就是这样坚守初心，矢志不渝。因为十几年寒来暑往间的行走，她腰疼、腿疼、关节疼，每次疼得无奈之时，她告诫自己不可再上山下洼地去拍照片了，可是要住院治疗的。然而，在一个又一个疗程的针灸、按摩，好一些之后，她又拿起相机，拍雨中情，拍晨雾迷漫的临夏市景，拍积石山下油菜花开的灿烂，甚至爬莲花山拍云之端的山巅，下唐汪川拍杏花相映成趣的红塔寺，还有被称为红石公园的牛心山……

芦苇与夕阳，炊烟与云朵，羊儿与草坡，稻草人与割麦人，农舍与杏林，山野与美女，守望的老人与村庄，情侣与河流，砖雕与木雕及彩绘，牡丹与蜜蜂，月夜与藤蔓，疏影与猫咪，果园与果农，洋芋与手抓羊肉……凡是生活里司空见惯的风物，都可以在她的镜头下彰显别样的美。

她多次记录下一张张云中美景和精彩瞬间，有一次为了拍摄雪景，她让爱人开车带她去积石山县，面对雪后的山野，雪野里的村庄与掠过眼前的喜鹊，她激动不已，让爱人停车，她下车拍照，手脚冻得发麻，直到在拍了很多角度的照片里有一张满意的照片才上车。澄澈的蓝天，温暖的阳光，她让爱人开车走走停停，她下车不停地拍，走来走去，反复多次。风漫过来，她打喷嚏，流鼻涕，她的耳根生疼，手指生疼，肌肤生疼，骨骼生疼，把自己弄感冒了，就因为一张照片而既让爱人辛苦自己也忍受寒冷与感冒。那次感冒，她输液又打针整整

2015 年，在松鸣岩拍雪景

两周，好些之后，又因为拍雪景感冒加重，两个月后感冒才好，人虚脱了一般，几乎瘦了一圈，但是她一点也不后悔，后在大雪纷飞的一天去城郊，不停地调整拍摄角度，甚至双手冻僵，直到拍到满意的照片为止。

行走拍摄的日子里，每每走进老街、小巷、老院子，走进农家，她的目光总是忙碌的，她人也是忙碌的，灵魂与思绪也一样忙碌。

胡兆萱对自己既苛刻又淡然，她说：“也许我永远成不了摄影大师，拍不出一张大片，但是我没有辜负自己、没有让自己失望，因为真心喜欢摄影而一直努力，用照片讲故事，能为宣传临夏出一份力，我心坦然！”

胡兆萱也说：“一个人总是需要有追求的，既然选择了摄影，我就会风雨兼程！”

好一个追求，好一个风雨兼程！

与摄友在拍摄现场交流

说到将来的愿景时：她说她希望能够用镜头讲述一个城市博大精深的历史内涵，希望展现传播的是临夏文化的底蕴，希望临夏人更加热爱家乡之余，让更多的人知道、了解一个城市，照片是最直观的。

定格，影子，还有灵魂深处挣扎的一些情愫，贫穷与苦难，富有与欢喜，为寻找一份归属的安宁，在春天里，在时光里，她的心与光影与梦想共舞。

为了提神，为了解乏，茶与咖啡是她的伴侣。这两年，因为医生的警告，她不喝茶也不喝酒，但是她喜欢两杯淡酒后的释放与愉悦心情，那是真实生活里真实的自己。

阿猫阿狗，展翅的鹰，打鸣的鸡，游来游去的鱼儿，跳跃的麻雀，还有一朵路过她的视线的花，夜深人静时，在照片里细数生命的点滴，倾听梦境的节奏和旋律，一个小时，两个小时，三个小时。一张照片从线条到裁剪，好几天才修好不是夸张，是她的习惯和摄影家的习惯。

草在枯黄里闪烁着点绿，胡兆萱的心底深处芬芳的草海花原，甚至苍苍的秋草，因为人影的走动而温婉。

阳光打在草尖上，她的身影修长，长焦镜头也修长着，似乎有了秋草摇曳的苍茫之美。在世俗里，在红尘

专注拍摄

里，人间的纷争、无奈、焦躁、贪恋，一一凸显眼前。

她的灵魂在颤抖，她会惊讶她的灵感源自大自然。

跺跺脚，抖抖手，甩甩衣袖，扯扯发丝，归还雪野一个安静的微笑，上车，离去。

回眸，她的影子在光影下还是拍照的模样，后蹲或站或身体后仰，甚至举着相机向着天空、草山、溪流、雪地，还有原野……

微笑是盛开的花朵

一个女摄影家的情怀，简单又质朴的情怀，一直在路上的情怀，眼角别着阳光的情怀，在四季的风里讲述关于光影关于光阴的故事。

五

无论是与摄友分享自己的摄影经验还是外出讲座，胡兆萱都会毫不保留地讲述她的体会，与更多的人享受摄影带给她的欢欣——

要成为出色的摄影师很难，要不断地学习，因为无论是谁，都可以成为拍摄对象，但是要拍好不简单，对自己是挑战。

不放过任何取景的地方

每个人看事物都不同，放 100 个摄影师在一间房中，就会有 100 张不同的照片。

摄影就是让自己的世界观变得独特，有自己的个性，表达自己，从摄影作品看到摄影家的自身。透过一张照片、一个系列甚至整个的摄影历程，讲述故事。旅游中的行行摄摄里可以学到很多新事物，可以透过照片，将经历与朋友分享，带他们一起旅行。

摄影的快乐、悲伤、恐惧或兴奋，在一张照片内盛满感觉，也要学懂如何阅读出来。

一张好的照片可以精确捕捉到一个人的本质，这是世界各地人像摄影大师所追求的目标，很艰巨的挑战，但如果做得到那就是非常震撼的作品。有时人们会用系列作品去表达，用文字所无法企及的方式来展现。

跟一拨最喜欢的朋友与亲人，围着坐在一起，然后拿出一箱照片，传阅、谈天、回忆、说笑，这是怎样美好的时刻？

拍摄一个人是很亲密的经验，透过相机，我们以独特的方式与一个人联系起来，我们好像更容易对话，更容易凝望对方，尤其是如果你拍摄的对象是你所爱的人，那种经验更是奇妙。

捕捉感觉，按快门其实很简单，但是后期制作不可忽视，学习、理解并且享受制作过程，很惬意。

拍摄的时候未必会留意到，但当你看到人们分享着照片，看着照片里所爱的人，那份喜悦与珍惜，令摄影既快乐亦充满意义。

照片是有丰富的内涵的，同一张照片在不同的时候观看，可能会带有不一样的感受，当你改变，你的角度也会改变，世界改变，照片的意义也会改变，这是很有趣的经历。

世上最接近时光旅行的东西就是摄影，它会把你带到逝去的时光，让你忆起往事与感受，甚至到还是小孩子的那些年。

超越语言和文化的沟通，摄影就像音乐，能够打破语言和文化的疆界，我们可以透过影像与全球的人沟通及联系起来！

一个眼角别着阳光的女子，如她在今日头条的自我介绍一般，她在走走看看，在行行摄摄……

铿锵玫瑰张燕燕与她的金果果

临夏市有个民办幼儿园名曰金果果，金果果的一切都是金子一样的心打造的，泛着金色的光芒。金果果的金娃娃们，是一个个家庭里的王，是父母的宝贝疙瘩。

金果果的温暖呵护是金光闪闪的，金娃娃们珍贵的童年时光也是金灿灿的，金果果人的金心是光芒四射的。

金果果的园长叫张燕燕，她用真心爱心滋养着她的金果果、金娃娃，滋养着金果果人的分分秒秒，时时刻刻……

一

2019 年 5 月，宝岛台湾流泻的葱绿里，张燕燕作为民办临夏市金果果幼儿园的园长，参加了台湾学前教育的访问研学。面对孩子们稚嫩的表达和纯真的笑容，她的心是柔软的，她的目光也是纯粹的，她一点也不觉得累，不放过参观、学习、培训和交流的任何机会。

研学与访问之旅是快乐的，严肃活泼轻松的行程中，张燕燕落落大方，她那好看的眉眼，那温和的微笑，那得体的举止和气质，令人亲切，不知道情况的人很难将她那样一个年轻的美丽女子与民办幼儿园园长联想到一起。

在一架秋千下，大家的目光除了羡慕还有点怅然若失，因为她们遗憾不会荡秋千。此时，张燕燕有点惊讶，一起研学与访问的几十人，竟然无一人会荡秋千，那是她的强项！于是，在风送的花语中，张燕燕把自己荡离地面，一览无余地显现她会玩的一面，也把成长、发展与自我飞翔完美挥洒在秋千板上，她的言谈举止与微笑不啻为一幅泼墨画，洋溢着清雅之美。

张燕燕不仅会荡，而且荡得特别好，因为荡秋千是她的拿手好戏。她自小就喜欢荡，掌握了荡秋千的技巧，知道何时借着绳子与风的力量发力，一晃一荡，一荡一晃，一来一回，秋千离地面越来越高，飞扬的何止是身体，她的心也荡高了，像只飞翔的鸟，一只小小鸟，因为展翅而欢喜无比。

在众目睽睽之下，她荡着秋千，悠然自得，清风拂面，荡着荡着，似乎回到了她的童年，似乎回到了故乡，在故乡的风里荡着，轻盈如一只燕子！

张燕燕是出生并成长在积石山下的女子，她没有如雷贯耳或是富有韵味的名字，“张燕燕”三个字是她的父母赐予她一生的祝愿，不希望她像鹰一样在高空展翅，只希望她像只燕子，做一个温暖的人！

如此，张燕燕走过的这些年，她温暖着她周围的人，熟悉的、陌生的，因为“燕子来时新社”的美好，她就是一个温暖的人。如果用心一点，看她的简历，就知她是一只优秀又上进的燕子：张燕燕，中共党员，汉族，研究生学历，毕业于西北师范大学，国家二级心理咨询师、高级讲师、家庭教育指导师、萨提亚家庭治疗师（初级）、情商训练师。热爱学前教育事业，从事学前教育工作 17 年，2002 年创办了积石山县第一所民办幼儿园——积石山县小博士幼儿园，并开设“爱心班”资助贫困儿、孤儿、单亲儿、残障家庭幼儿，学费全免；2010 年——2016 年，先后创办了临夏市军民街金果果幼儿园、金果果经济适用房分园、金果果恒基分园。先后被评为县、市、州“先进教育工作者”“优秀共产党员”“优秀教师”“十大杰出青年”“巾帼建功活动标兵”“热心社会公益事业模范人物”“甘肃省幼儿教育先进个人”，荣获甘肃省妇女总工会女职工“知识、技能、创新”优秀奖、临夏州“十大优秀女性”提名奖，是临夏州第九次妇女大会代表、2017 年担任临夏州、市第十五届两级人大代表，临夏市党代表。先进事迹被《北京特别关注》《甘肃日报》《甘肃经济日报》《民族日报》等报刊多次报道。

如此优秀的一名女子，特别低调，没有丝毫的张扬，张园长、张老师、园长妈妈等亲切的称呼，丰富着她的人生，吟唱着属于她的“花儿”，演绎着属于自己的赞歌，使她那颗刚柔相济的心在一个个文字与一张张的照片中彰显温柔与可爱，也令她一步一个脚印铿锵有力地前行，在她的团队的携手努力下，金果果幼儿园获得“甘肃省幼儿教育先进集体”的荣誉称号。

在荣誉与成绩面前，张燕燕的一切依旧，在成绩面前并没有沾沾自喜，依旧在微信朋友圈里继续发一条条图文并茂的感悟或心情絮语

金果果获得的部分奖牌与锦旗

或金果果的点点滴滴，字里行间呈现的是被爱贯穿的工作与生活，专属金果果的一切在她发自肺腑的字字句句中闪现金光。她蓄积力量鼓励自己、安慰自己，在无问西东的豁达里，给自己加油鼓劲，为梦想努力再努力，勇往直前——

3 月 5 日是学雷锋纪念日，携金果果的小伙伴一起来做折翼天使的志愿者并参加义卖活动。虽说有点冷，但心是温暖的，全程参与温暖人心的8个小时的活动中，也遇见了好多金果果毕业的孩子与他们的家长，那些孩子们都长高了！感谢团市委组织这样有意义的活动，让这座城市越来越有温度，越来越有爱！

金果果又添了一位小格格——恒基分园海红老师喜得千金了，这个小格格和妈妈一起经历了很多，坚强而勇敢，在妈妈怀胎十月的日子里，天天和妈妈一起学习！每一个金果果的孩子都是带着爱与希望来到这个世界的，他们也很幸运，因为在他们来到这个世界的分分秒秒里，妈妈已经准备好了做一个合格而优秀的人！祈福小格格快乐健康地长大！

一场温暖之旅，一次亲切的体验！随团市委的工作人员在一个特别的日子里走进临夏市木场福利院，看望福利院的孩子们，心里不是滋味。愿社会各界更多的人关注这些孩子，关注他们的成长，让临夏这座城市有爱、有温度、更有厚度！

在幼儿教育这条路上摸爬滚打17个年头，17年的心血之作、17年的沧桑、17年如履薄冰、如临深渊般的聚焦，可谓心力交瘁。在面对大环境的变化与挑战中，我会坚守我的初心前行！

这个时代缺的不是完美的人，缺的是从心里给出的真心、正义、无畏和同情。

愿你在被打击时，记起你的珍贵，抵抗恶意；在迷茫时，坚信你的珍贵。爱你所爱，行你所行，听从你心，无问西东。无问西东，只问自由，只问盛放，只问深情，只问初心，只问勇敢，不问西东。

……

无问东西，无问西东！时光之鸟飞回到1978年。

那年，张燕燕出生在一个幸福美满的家庭，父母都在积石山县，一个在县司法局一个在县石油公司上班，爷爷奶奶在乡下，父母的忙碌与爷爷奶奶及亲人们为生活的奔忙，让读书的张燕燕很珍惜拥有，比之一些同学，她生活在天堂，无忧无虑，因此她对老师和同学及校园赋予的美好情有独钟，憧憬着将来也成为一名老师，站在讲台上为自己的学生传授知识，与自己的学生共享校园的美好，所以她努力学习，为梦想奋斗。

有句话说，幸福的家庭是相似的，不幸的家庭各有各的不幸。本来张燕燕的天是晴朗的，可是父亲突然生病离世，母亲一个人支撑家，工作上的忙碌与失去伴侣的伤心难过，几乎要被压垮。那时，面对突如其来的打击，张燕燕一味沉浸在失去父亲的伤痛里，特别难过而无法接受失去父亲的事实，终日以泪洗面，没有顾及母亲比她更伤心。每当她看到同学或是路人喊“爸爸”时，她的心会痛，感觉自己没了依靠，很是孤单，情绪低落，郁郁寡欢。

突然有一天，她感觉到母亲的消瘦和憔悴后，她幡然醒悟，不再消沉，打起精神，投入学习。1996 年 9 月，她飞离积石山，以优异的

参加活动的留影，为了不遗忘而留存

成绩考上了西北师范大学，学的是汉语言专业。四年的大学校园生活里，她尽情舒展着理想的翅膀，发挥着特长和才能，也放飞着希望与憧憬，为要实现成为一名教师的理想而努力成为优秀的自己。

张燕燕在母校——积石中学进行毕业实习。那时，积石中学是一所具有初中部与高中部的学校，当初是吹麻滩镇唯一的一所中学，校园既有张燕燕的欢喜也有她的悲伤，她那喜忧参半的高中生活，让她一度消沉之后又令她变得自信、自强又自立的校园……每每回忆，张燕燕的心会痛，她会感伤，然而她也自豪，她认为自己拥有一些人不曾拥有的一切，包括苦难与挫折，而那些苦难与挫折于她而言也是财富，恰恰是因为那些挫折，才历练和锻造了今日的她！

鸟儿衔来了第一缕晨光，荡开精卫填海般的波澜，光晕在梦想折射的水面上荡漾，张燕燕的飞翔镀上了金光。她的飞翔，在横穿、斜贯、直行中，开启了钟情幼儿教育的模式，传奇了她与幼儿园的一世情缘，与一群金灿灿的伙伴们谱写了一首属于金果果的歌谣，为自己和伙伴们一次次的高飞埋下伏笔。

人生有很多选择和取舍，实习结束，张燕燕没有步入校园成为一名老师，而是去了企业，两年后，她辞掉收入高的铁饭碗自己创业，又飞回积石山，在县上的大力支持下，在家人的全力以赴下，在亲友的帮助下，她克服种种困难，终于创办了小博士幼儿园。幼儿园从设计到园里一草一木的种植，都是她通过多次外出学习之后，借鉴中融入自己的想法、理念，而形成了自己的风格和特色，做到了让小博士幼儿园像一朵花儿一样盛开。

创办幼儿园的难度难以想象，贷款、借款、申请办手续、招聘幼儿教师等等，无论资金筹集还是人员招聘，张燕燕都亲力亲为，她

学无止境

那颗年轻火热的心全扑在小博士幼儿园。所有的所有，都是她的心血，虽然辛苦，但她痛并快乐着。从小博士幼儿园的创办到开园到离开的往昔，张燕燕所经历的一切，包括困难、辛苦、获得、失去、心酸、欣喜、历练，以及亲友与陌生人的帮助、很多人的支持、人情世故与人生百态……可以写一本几十万字的书。

张燕燕是一位心气高的女子，无论是勇气还是决心与信心，都是对自我的挑战，她的心气决定了她的高标准和高要求。当她甩开臂膀迈步的那一刻起，她不允许自己有丝毫的马虎与凑合，哪怕一个积木的色彩、材质，都必须符合幼儿的身心学习特点，不会因为资金紧张而降低标准，而她招聘的十几位老师除了一位大姐不是幼师专业外，其余皆专业对口，她们被张燕燕的执着精神感动，所以步入小博士的那天开始，尽心尽力，发挥特长，为找到适合自己的岗位而认真书写属于自己的故事。

一切依照她的计划进行，那年，她创办的小博士幼儿园是县上唯一的一家民办幼儿园。如期开园，第一批宝贝翻开了小博士的第一页。尽管有上百万元的贷款和借款，张燕燕还是一咬牙，又贷款买了一辆面包车，成为当年在全县第一个会开车的美女司机，招聘了一名司机，与她轮流开车，从积石山县城出发，去乡镇接送小博士的宝贝们，虽然很累，但张燕燕满心欢喜。

参加论坛、学习的路上，一切在继续

小博士幼儿园及张燕燕，那些日子成为焦点，成为很多人茶余饭后的话题，那些谈论不仅仅是对张燕燕的评头论足，也是对小博士的关注。有人欣赏说张燕燕脑子活，有想法，有闯劲，是个了不起的人；有人纳闷说西北师范大学毕业的本科生，居然不好好上班，端着铁饭碗不享受生活，却花那么多钱办幼儿园，一天陀螺一样忙个不停不说，还要担惊受怕的，万一孩子们出点意外，如何是好？也有人佩服张燕燕，说小博士的园长不仅长得好看，本事也大，还能干，比一些男人还能吃苦，谁娶了她当媳妇谁的命大；还有人担忧说张燕燕的胆子大，那么大的一个幼儿园，上百万的贷款，何时能还清？……

然而，很多人还是欣赏她，尤其是一些大学生，视她为学习的榜样，羡慕她把自己的人生规划得那么有意义！

张燕燕是个好看的女子，皮肤白皙、大眼睛、双眼皮、柳叶眉，圆脸上天生的笑意似乎注定了她对人生的态度，她的举手投足与一颦一笑里，宽容、大度与不服输框定了她雷厉风行的个性以及还有宽严相济的处事方式与方法。

风吹着花香的岁月，也吹着张燕燕行走的美好与英姿勃发的青春，她穿行在创业的美好与艰难中，感恩所有的关注，听取意见建议，尽可能地让小博士走得稳健走得踏实，竭尽所能让大家认可小博士。至于一些质疑与议论，她只是一笑了之，她说她没有时间与精力去考虑更不会在意负能量的闲言碎语，只是，自始至终她深信不疑的是：只要有付出必有收获，只要持之以恒必会有成果，只要心存宽容与感恩必会幸福，只要努力攀登必会到达山顶。所以，她的心态与信念决定了她的创业不是昙花一现。

张燕燕不怕挑战，学车考取驾驶执照，当初在很多男孩的眼里都是前卫又大胆的事，于女孩更是挑战，她不怕，从国有企业辞职就是挑战，创办小博士也是挑战，生活需要挑战。

她就是一只燕子，她的展翅积聚了她所有的灵气。面对小博士的一些小宝贝们机

与幼儿共同画画

灵精怪的行为和话语，她回忆自己的童年，回忆戴着草帽或是披着塑料布在村子里游走；回忆穿着雨靴在微雨里行走，待雨歇初晴，面对温湿的地面灵动的雾气，欣喜地尽情欢唱，追逐光影；回忆晴好的日子会站在鸟窝下嬉戏，甚至爬上树掏鸟蛋；回忆在阳光下捕捉翩飞的蝴蝶，指头套上折叠的指套抓蜜蜂，或是盯着在花间飞来飞去采蜜的黄蜂思考为何腰那么细，也会听着蜜蜂的嗡嗡声也故意大声嗡嗡喊叫；当然还会回忆在风里疯跑，像个男孩子一样上山下河……

在张燕燕的心灵牧场，青草茂盛，花儿娇艳，她的思绪犹如她笔端流泻的种种思潮，字字句句都是幼儿教育。一个个挑战，于她而言宛如一朵朵花儿，盛开在她青春的纪念册上，怎么翻看怎么晾晒，都是美好的回忆！

小博士里的宝贝们像一群麻雀，叽叽又喳喳，享受着幼儿园的一切。张燕燕乐在其中，虽说忙忙碌碌的，虽说很辛苦，但是她很享受，从周日下午到居集镇、银川乡或乩藏镇，或是去石塬乡、大河家等乡镇接宝贝们，在小博士共同生活一周后，周五下午又一路欢快地送他们回家。那些宝贝们在小博士，在张燕燕的目光里，在积石山人的目光里，与张

金果果的院子里，端午节的节日氛围很浓

燕燕一样，与小博士一样散发别样的芬芳。

张燕燕作为一名创业的大学生，作为一名奋斗女青年的模范，作为一所民办幼儿园的园长，作为幼儿教育方面成功的创新者，被很多媒体争相报道，成为很多人学习的典范。《甘肃日报》刊发通讯报道：

一座别具一格的幼儿园里，动画片中的城堡式建筑，各式各样的大型玩具，功能齐全的教室，各项配套的寝室，集聚着保安、撒拉、东乡、土族等各民族活泼可爱的儿童，鲜花映着笑脸，钢琴伴着歌声。如果这座幼儿园放在大城市里也不算稀奇，但它坐落在积石山县县城一角，则显得十分特别。

创办该所小博士幼儿园的，是年仅26岁的大学生张燕燕。她于2000年从西北师大汉语言文学系毕业后，回到家乡县一中当教师。去年，她辞去稳定舒适的教师工作，多方筹资120余万元创办了这所幼儿园。已有138名儿童在此就学，除了对县城的70多名儿童进行日托外，大河家镇、关家川乡、居集镇的60多名儿童在此周托，并由专车接送这些孩子。

和全国各地园长赴马来西亚学习

面向社会公开招聘的教师们有大专、中专、高中、初中等不同学历，以及不同民族，用张燕燕的话说："更需要有能力和有敬业精神的教师，更需要对孩子充满爱心的教师。"这里有位初中毕业的撒拉族姑娘马燕，经过考试、面试后，她的音、体、美等成绩均排在前列，但因为初中毕业这一低学历，幼儿园领导班子对是否录用她争议相当激烈，张燕燕据理力争，录用了她。马燕没有辜负园长的期望，在对一些调皮、倔强、任性的孩子的教育方面，有一套行之有效的办法，受到了家长的好评，都说马燕老师带的孩子变得十分懂事……

鲜花与掌声里，张燕燕没有停歇她前进的脚步，而是对自我的要求更高，她一直在路上，一直为梦想努力，为自己最初的决定一往无前。

时至今日，谈及小博士幼儿园免费招收的第一位孩子，张燕燕记忆犹新。

那是夏天的一个上午，宝贝们在院子里跟着老师一起做游戏时，她发现园外站着一个小女孩，她的目光追着园里的宝贝们，眼神里满是羡慕，而且一站就是一个多小时，很是专注。一连好几天，小女孩会准时出现。张燕燕走近她，发觉小女孩的目光既羡慕又怯怯，那样的目光有一些让她无法表达又难以说得清的情愫，她的心隐隐作痛，突然脑际冒出一个想法，但是她没有跟朋友与同事们提及。大概是小女孩站在园外的第六天，张燕燕的眼神满是爱怜，她心疼地牵着小女孩的手走入幼儿园。起初，小女孩有些胆怯，但是望着张燕燕的笑脸，她慢慢松开张燕燕的手，与小博士的宝贝们一起玩游戏，直到她的妈妈寻来。张燕燕对小女孩的妈妈直截了当地说出她的想法——把孩子送到小博士，免费，不收一分钱！

小女孩的妈妈听后先是一愣，明白之后高兴极了，眼中闪着泪花，嗫嚅着，一个劲地搓着双手，说着“太感谢了，遇到好人了！”一个劲地道谢外，目光追着小女孩，特别高兴。她的一声声谢谢里的诚惶诚恐和激动，让张燕燕心里不是滋味。原来，张燕燕注意到小女孩之后，打听到她家租住的房子就在小博士的旁边，虽说 4 岁上幼儿园刚刚好，可是经济条件所限，只好让小女孩自己玩。张燕燕说第一眼见到小女孩，就想着让小女孩也成为小博士的一员，但是害怕有些唐突，所以在等时机，她的妈妈寻来，当面一说，免去了好多尴尬。

张燕燕对小女孩的妈妈很热情，因为她满心赏识她们夫妇的善举。

好多天后她的闺蜜提及，张燕燕才说：她从各方面了解到了小女孩是一名弃婴，几个月大的时候被现在的爸爸妈妈捡到后收养了，虽说她爸妈依靠捡废品为生，但是对她特别好；生活原本一般般，多了一个孩子，自然好不到哪里去。所以，小女孩在园外张望的时候，是她的爸爸妈妈去捡拾废品的时刻……

善良遇见善良，一切都是温暖的，就那样，小女孩成为小博士第一个免单的宝贝。

因为有了第一个，便有了第二个、第三个，张燕燕让十几个小宝贝免费入园。

从此，小博士到金果果，开始有了“爱心班”，专门免费招收特困家庭的孩子。

从此，去“爱心班”宝贝家中随时了解生活情况，表达慰问，尽可能地帮助“爱心班”宝贝的家庭，是张燕燕一直坚持的，她说：身边那样的家庭不少，尽自己最大努力，能帮多少是多少！

张燕燕说起那些事好像在讲述别人的故事，对自己所做的竭力淡化，只有提到两个双胞胎男孩，她才让自己一次次红了眼圈。

原来，双胞胎孩子的妈妈得病后双手变形成为重度残疾，不仅丧失了劳动能力，还得了红斑狼疮与肾衰竭，两个孩子由奶奶照看，爷爷为了生活一直在外打工，生活举步维艰。还好有党和政府，有社会各界的好心人相助，生活过得去。

为那样的家庭送慰问金、送慰问品，张燕燕丝毫不含糊，很是大方，对于自己，她倒是很吝啬。

有些故事里，小博士幼儿园赢得的喜欢，如同对张燕燕的喜欢一样。看着小宝贝们欢笑、游戏，听着一声声稚嫩的普通话，望着一双双清澈纯净的眼睛，她坚定自己所做的一切都是有意义有价值的。在每一天的行走里，她享受着小博士的美好，也在家与事业中选择了事业，在一次次的筋疲力尽中让小博士的步子迈得更坚实，与公办幼儿园不相上下，从最初的几名小宝贝到短短几年里发展到近百名，成绩显而易见。

小博士幼儿园像一朵花儿绽放时，女儿张晓出生了。女儿的到来，让张燕燕更加用心，满腔热情地面对每一天。然而，有一天，为了女儿的成长，她不得不面对取舍，深思熟虑之后，即便不舍，最终还是舍了小博士，带着张晓离开积石山县，在临夏市开启从头再来的模式。

在家沉寂了近两年后，在先生胡国荣的鼓励与支持下，在母亲与婆婆及亲友们的再次帮助下，张燕燕停歇不久又意气风发，创办了临夏市军民街金果果幼儿园。自此，她沉湎于金果果的一切，暑往寒来，军民街总园之后，经济适用房分园与恒基分园也先后创办并站稳了脚跟，每年一千多名小宝贝在金果果的大家庭里成长，在张燕燕与她的伙伴们的目光里成长！

前行的路上，尽管有难题，但是一切那么美好，张燕燕忙碌又充实，穿行在金果果的院子里，她的心是敞亮的，她的微笑是温情的，她的目光是坚毅的，她的梦想是无比精彩的。四季的风儿吹过时，张燕燕会驻足、会仰望、会沉思，她的心似乎能听见黄河奔流在她的窗外低吟着一曲恋歌，一声低一声高，自然的情结，在她人生的键盘上跳动着一串串情致。

张燕燕是积石山下众多奋斗者中的佼佼者之一，其奋斗的足迹可以写一部长篇散文集，可以写一首万字的诗歌，她是一朵铿锵玫瑰，她的吟唱在她低调的盛开里婉转她的人生，萦绕心头的激情在一个个

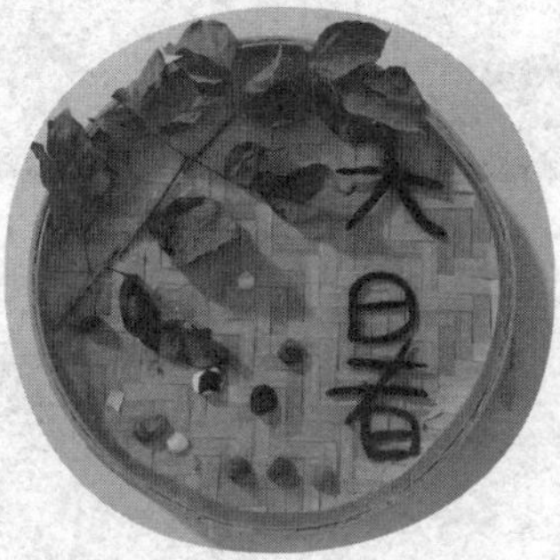

墙壁上老师们的手工作品及专心手工制作的金娃娃

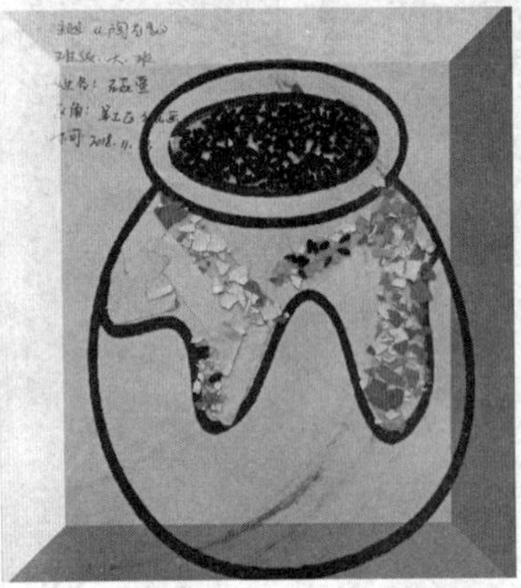

学习、金娃娃的手工、出行

美好的日子里叩响，悦耳的调调在大峡、在黄草坪、在民俗村、在临津古渡、在积石雄关脚下、在黄河岸边让所有的记忆一起涨潮，温暖自己温暖时光！

金娃娃们的快乐手工课

在石家庄参加教育研讨会通过指导师认证

每一次的交流学习都是前行的加油站

二

三月的风让万物苏醒了，关于春天的气息，杨柳依依在金果果的每个角落。

金果果一路走到今天，有张燕燕的付出，更有她的团队里一位位热爱幼儿教育的年轻姑娘和小伙子们的付出。一直以来，她视他们为伙伴，习惯于喊他们为伙伴，相处融洽，一点也无园长的架子和派头，没有把自己放置在园长的位置高高在上，而是与他们相互学习共同成长，一有空闲便参与到各类活动中。

很多时候，张燕燕在园里与伙伴们一样，穿园服，她的朴素与低调，让有些家长误以为她是金果果的后勤老师，压根没把她与园长联系到一起。

张燕燕不在乎，因为于她而言，大家成就了她与金果果！伙伴们的努力，很多家长口耳相传，让金果果拥有的口碑胜于一枚枚奖牌。而伙伴们之所以成为金果果的一员，一是为办园理念所吸引，二是为张燕燕的人格魅力所折服，三是因为找准了自己的位置。所以，张燕燕与伙伴们携手，与金娃娃的家长一起为了金娃娃健康快乐地成长，彼此信任相互帮助彼此成就，共同构筑起金果果今天的美好，为金果果的美好明天快乐前行。

金果果踏歌而行的时光里，张燕燕深信不疑，她的伙伴们都是优秀的，都是一把可以开启家长与宝贝们其乐融融、开心快乐时光的钥匙，都是一盏心灯，一盏为金果果的宝贝和家长们而亮的心灯。

一盏灯燃亮的国度里，金果果的一切是唯美的，金果果的金娃娃们在珍贵的童年时光里享受着金果果给予的一切，享受着金果果赋予的美好。

春风吹拂，新学期的园本主题课程研讨会与1300多名金娃娃的家长会上，张燕燕与伙伴们为共同规划好一学期的教育主题以及教研活动，在延续金果果特色的基础上精益求精，“三八”妇女节的活动首当其冲。

作为女性、作为妈妈、作为女儿，张燕燕懂得妇女节对于母亲们的意义，也理解母亲们悄悄期待着那一天到来的心情及期待的惊喜。可是，每次活动前夕，张燕燕总会感激自己的母亲和婆婆，感激她们养育了她与她的先生，感激她们的言传身教，感激她们教会自己做人的道理及为人处世的原则，如果没有两位妈妈做坚强的后盾，自己无法取得今天的成绩，她们给了她一个心安的家，她们让她了无牵挂一心扑在工作上，她们也为她树了一个自强自立自信的榜样。

母亲与婆婆都爱张燕燕，而两位妈妈就像亲姐妹，一起上街一起跟团旅游一起游山玩水一起做家务一起为让家更幸福而努力，这是她与先生的骄傲，他们俩因为有那样的两位妈妈而倍感幸运，也珍惜两位妈妈给予他们的爱与包容。有时候，面对母亲的白发和额头的皱纹，张燕燕心疼母亲为她和她弟弟付出的一切，对于母爱的伟大感知得更深切。其实她不愿回忆，父亲病逝的那些日子，她深陷悲痛，一点没有顾及到母亲的心情和感受，不知道母亲比她更伤心更难过，不知道母亲是如何硬撑着失去父亲的痛苦，让她和弟弟的生活不比别人差，让她完成了大学学业，让弟弟参军在部队锻造，然后两人在各自的人生轨道上前行，为各自的事业与家庭奋斗……那些年，她漠视了母亲的情感与压力，忽略了母亲的感受与承担，等到自己当了妈妈，自己像母亲那样爱着女儿和儿子时，她才感知到言传身教的魅力。

记忆回放，张燕燕清楚地记得，当初，她在积石中学结束实习，原本要留校任教，可是那时她们家在一些工薪阶层家庭中生活条件较好，不说别的，就是微波炉等一些家用电器，很多人还对其陌生时她家已经使用了好几年，这一切得益于母亲所在的企业福利待遇好。那时一名刚分配的老师只拿三百多元的工资，而她母亲的单位可以拿到一千多元，福利待遇更胜行政事业单位，所以，她听从母亲的话，也成为积石山县石油公司的一员，从加油站的一名工作人员步入上班族的行列。

从底层做起，从一名加油站工人做起，张燕燕年轻的心对工作充满热情与激情，没有挑肥拣瘦，很快熟练业务，得到同事们的夸赞。由于她的本科学历与敬业精神，两个月后，她被调整到总公司机关上班，成为办公室文员。一切按部就班，工作很轻松也得心应手，没有压力没有负担，工资够花，然而她发觉到自己总是感到空虚，物质生活无忧无虑，可是有些失落感。她很纳闷，困惑与迷茫让她在夜里反思、梳理、过滤自己，如此半个月后，她决定辞职做自己想做的事，做自己想从事的幼儿教育。于是，她向母亲道出辞职的决定，母亲不同意，一则认为她拿生活开玩笑，明明过得好好的，为何要辞职折腾自己？二来担心她受苦。但是，在她的多次说服及坚持下，母亲同意她辞职，继而支持她创业。

扔了铁饭碗，辞职离开石油公司，张燕燕感到神清气爽，一身轻松，她要做一名创业者，要活出自我，让梦想从积石山县起航，她像风一样穿行在属于自己人生篇章的字里行间。

每每梳理那些策划方案，张燕燕细而又细，任何些微的疑虑都要重新商量。因为金娃娃们都是家中的小皇帝，备受几代人呵护，是家人掌心里的宝，总是想方设法千方百计地满足着他们需要，甚至不知如何爱才好。久而久之，那样的爱变成了溺爱，对于感恩和回报一无所知，只知道索取再索取。而小皇帝、小女王的妈妈，尽管在工作与生活中负重前行，却也不辞辛苦地习惯着一切。为了让宝贝们从小懂得感恩，学会珍惜和付出，“女神节”的活动的思路很明晰：小班、中班、大班的金娃娃们，根据不同的年龄特点，尝试采取不同的活动方案，让宝贝们用不同的表达方式为妈妈、奶奶、姥姥们献上一份最诚挚的爱，送上最特别的节日祝福。活动的初衷与目的很明确：母爱是世界上最伟大的爱，长辈的爱也是最无私的爱，在孩子成长的路上，接受了妈妈和奶奶以及姥姥太多的关爱，让宝贝们知道妇女节是妈妈、奶奶和姥姥的节日；了解妈妈的工作和妈妈的喜好，喜欢妈妈；通过表演节目和一起游戏，表达对妈妈、奶奶和姥姥的祝福，用多种方式表达关心和爱，让宝贝们为长辈做一些力所能及的事情，萌发关心长辈的情感，增进与长辈之间的感情。活动的指南目标也很确切：让金娃娃们能在较冷或较热的户外环境中连续活动半小时左右；在集体中能注意听老师或其他人讲话；感受规则的意义，并能基本遵守规则；知道爸爸妈妈的职业，并能体会到爸爸妈妈为养育自己所付出的辛劳；喜欢和长辈交谈，有事愿意告诉长辈，学会表达爱的情感，增进亲子关系。于是，与每次的活动一样，请奶奶或妈妈走进幼儿园，让参加亲子活动的每一位奶奶或妈妈们感受到快乐。

活动现场，老师与家长、金娃娃们的一些交流很温馨：“阿姨，您的节日是怎么过的？”“与家人一起过的，很幸福！”“我和妈妈还有奶奶也一起过节了……”

充满年代感的舞蹈在“夏天夏天悄悄过去，留下小秘密……”中

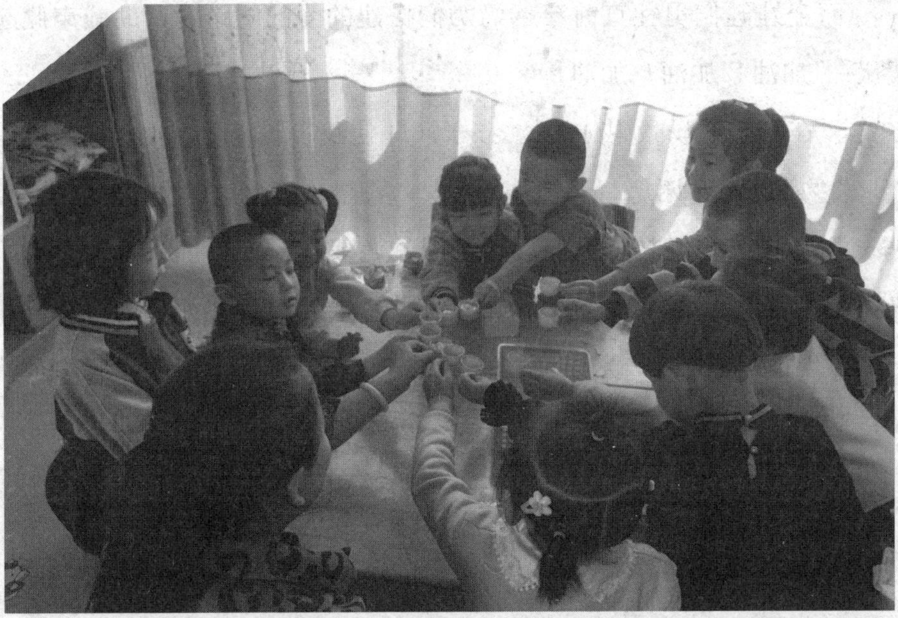

金娃娃们对手工课无比喜欢

欢快无比。

而金娃娃们勇往直前穿越奶奶们搭建的爱的隧道时，助威声此起彼伏：“加油！加油！加油！”

爱在特定的场景中延展：“孩子，即使我步履蹒跚，也一样深爱着你！”“奶奶，谢谢您！ 您陪我长大，我陪你变老。”“奶奶，快一点快一点！”在奶奶与宝贝们玩翻花绳的游戏里，宝贝们认真地学着奶奶翻花绳时说：“奶奶，这个太难了，我不会！”而奶奶们的耐心在那一刻显现：“慢慢来，先捏住，再翻过来！”“你看，这是我们的尕长饭！”“这是旗花吧？”……

小班的宝贝们也给各自的妈妈、奶奶和姥姥准备了漂亮的小花做礼物，祝妈妈、奶奶和姥姥节日快乐……

每次活动之后都有总结，“女神节”的总结很温情：羊有跪乳之恩，鸦有反哺之义，活动让宝贝们了解了妇女节，感受妈妈、奶奶、姥姥的关爱和疼爱，从小培养尊敬长辈的传统美德以及关心他人、热爱劳动的良好习惯，在宝贝们的心里播下美好的种子，让他们在关爱中成长，在感恩中收获！

“女神节”活动之后，另一个活动接踵而至。植树节到来之前，先讨论制定方案：让金娃娃们愿意为集体做点小事，为集体取得的成绩感到高兴；喜欢接触大自然，对周围的很多事物和现象感兴趣；在集体活动中表现积极，能注意听老师或其他人讲话；愿意与小朋友们讨论问题，敢在众人面前说话，别人讲话时能积极主动地回答；能在较冷或较热的户外环境中连续活动半小时左右；感受规则的意义，并基本遵守规则……

活动如期开展，开场白又那般贴合心意：春天是万物复苏的季

美好在延展，美好在留存

毕业班的金娃娃们在园留宿一夜，与老师和小朋友们一起吃晚饭的场景

节，嫩绿的小草探出了尖尖的小脑袋，娇嫩的花朵也露出了开心的笑脸，在美丽的阳春三月，我们可爱的小朋友也迎来了一年一度的植树节。在绿色的季节里，为了使孩子们能够积极与大自然环境“对话”，主动参与植树节的相关活动，亲身体验劳动的乐趣，感受美化环境的意义，激发热爱大自然的情感，开展“植树节”主题教育活动……总结也是简单明了——3 月 12 日的美丽清晨，孩子用自己的双手见证一粒种子怎样变成一颗果实的华丽蜕变。

与金娃娃在一起的分分秒秒，张燕燕都是快乐的

金果果团队的凝聚力让人羡慕，做策划文案时伙伴们各抒己见、集思广益，总结归纳出合理、新颖的方案，实施过程中又事无巨细，所以举办的每一个主题活动，都有张力和想象力，有亲情味。

端午节的活动，在金果果的院子里此起彼伏；用手工纸折叠的戒指让端午节的故事在奶奶们的微笑里舒展，用五彩丝线绑花线、戴戒指，一起过端午节不仅仅是让亲子活动富有情感，更多的是让宝贝们从生活的传统习惯里了解博大精深的中华文化与民俗习惯。宝贝们惊喜的欢呼与夸赞，奶奶们兴高采烈地与宝贝们一起玩游戏，生活的美好，亲子活动别样的呈现方式，让快乐轻舞飞扬。

与金娃娃的每一刻都是值得记录的

三

金果果里的金娃娃，

个个梦想远大，

心中有你也有他，

相亲相爱是一家。

……

唱起来朗朗上口、婉转又动听的歌曲《金果果里的金娃娃》，是北京的王宁老师作词作曲，并由她女儿演唱的，歌不仅是王宁老师送给金果果的一份厚礼，也是金果果的荣光，让张燕燕和她的伙伴们无比欢喜，作为金果果幼儿园的园歌共同歌唱。

张燕燕说，王宁老师是北京童年高歌创始人、中国原创幼儿新音乐词曲家、中国原创幼儿新音乐文化艺术教育倡导者，她投身于中国原创幼儿新音乐文化艺术教育二十余年，从北京师范大学幼儿园的专职教师开始，以厚德创新、坚持自省的精神谱写着中国原创幼儿新音乐的篇章。多年来，王宁老师致力于幼儿新音乐教学本土化的研发与推广，创作中国首部幼儿音乐故事绘本，填补国内幼儿音画一体教学的空白，创作的幼儿音乐作品多次荣登央视及地方电视台少儿春晚的舞台，深受园长、老师及小朋友的喜爱。

缘于她们彼此欣赏，缘于王宁认可金果果的办园理念及各方面的发展，所以依照自己的理解创作出了《金果果里的金娃娃》，一起分享金果果的喜悦与美好。

一首《金果果里的金娃娃》让张燕燕愈加肯定了对金果果的老师们在童歌方面的培养，2019 年 9 月 20 日—23 日举办了为期三天的第 9 期甘肃临夏金果果幼儿园童年高歌原创幼儿新音乐培训会。会上，金果果人与来自兰州卓越情商教育、兰州抱抱熊早教馆、白银龙源幼儿园、白银阳光幼儿园、积石山县金苹果幼儿园的园长及老师共同学习，接受北京童年高歌、高娃校长的培训，为汲取新知识全情投入、收获成长，张燕燕与伙伴们一起认真踏实地虚心学习，潜心接受幼儿新音乐的相关内容，为提高自身业务能力、为让金果果站在大都市的民办幼儿园的起跑线上、为让金娃娃们得到全面发展放声歌唱。

张燕燕对童歌与奥尔夫音乐教育的知识点做足了功课。她说奥尔夫音乐教育体系是当今世界最著名、影响最广泛的三大音乐教育体系之一，在奥尔夫的音乐课堂中，孩子们有机会进入丰富的艺术世界，音乐不再仅仅是旋律和节奏，而是与儿歌说白、律动、舞蹈、戏剧表演甚至是绘画、雕塑等视觉艺术相联系。宝贝们能在老师的引导下去关注特定的一个声源，去倾听、辨别、想象来自生活和自然界的不同的声音，其最大特点是关注孩子内心世界的开发，在那样的学习中，孩子不会把学音乐当成一种负担或功利，会全身心地投入到音乐世界中，用肢体、语言、乐器自由地演绎，以独特的方式抒发内心情感。当音乐成为孩子自身的需求，孩子对乐理、乐感、表演、演奏以及语言文化的掌握自然轻松快速而且根深蒂固，在课堂上，孩子用蛙鸣筒模仿秋夜的蛙声，用腕铃描绘春江细雨，用语言与拍打肢体来演绎节奏，增强孩子们创造精神的培塑，尤其一起表演不同声部时，一部悦耳动人的交响乐就在孩子们中诞生了。奥尔夫音乐给孩子发展个性提供了无限的空间，也在集体表演中赋予了孩子集体意识与合作精神，在课堂中还让家长参与进来，父母与孩子一道学习、表演，让课程更有乐趣和意义。根据奥尔夫原本性音乐教育的原理和幼儿园教育大纲要求，培养学生的感知反应能力、领悟能力、身体各部或心脑的协调能力、记忆力、创造力和交流能力等，同时培养学生在艺术方面的素养：感觉（及情感体验）、表现、创编的能力，并通过亲自参与的活动（说、唱、奏、动、听、游戏等），去探究、发现、表现和创造艺术……

张燕燕自豪地说，当许多幼儿园还停留在排排坐、唱唱歌时，金果果已经设立了奥尔夫音乐课，已经在奥尔夫音乐课上开启了启发宝贝们艺术潜能的教学模式。

每一次的学习总有收获，每一次的培训总有喜悦。而分享收获、分享快乐、分享每一次宝贝们活动瞬间是金果果的习惯，每次活动结束，都会由张兴兴、马燕红、李小丽老师制作成美篇，分享给家长，分享给关注金果果的人。培训也不例外，从图文并茂的美篇里可以阅读到、感知到老师们学习的认真与接受新知识的欣喜：

老师们从未喊过累，反而越学越有劲。到底是什么让我们可以不顾一切地坚持学习？作为教育工作者，想要给幼儿一碗水，我们就必须要有一桶水。因为金果果人有那样的信念，所以不怕苦不怕累。

做幼儿教育，金果果是认真的！新音乐课程的教育理念扎根于孩子，不功利、不浮躁，却以教育整合的姿态引领教育的步伐，严格把控教学质量，保证教师培训质量，使新音乐的文化落到实处，为幼儿园打造真正的音乐艺术特色课程。精进、专业、规范、创新一直是金果果人不懈追求的目标和方向，金果果人一直行走在学习的路上！

一次次废寝忘食的教研与磨课，只为把最好的音乐教学活动带给我们的孩子。寓教于乐的形式、积极互动的氛围，让老师们对奥尔夫音乐有了新的认识与新的提升。

金果果团队中的每一个人都在奋发向上、锐意进取，这些可爱可亲的人，为了能给孩子们带来最好的教育——学习一直在路上！

当一个个宝贝在这个平台上健康快乐地成长，当我们跟随团队一路走来，感知学习的重要性，理解并感受到学习与不学习的巨大差距时，我们每一个人都是一部发动机，既照亮着自己也在影响着别人！

“一群人，一辈子，一条路，一起走”，这是我们金果果每位小伙伴们的祝福与心愿，愿我们时刻保持激情，不断超越自我，传承文化经

在国外的幼儿园研学时的留念

典，铸就高端品质，让所有的孩子在歌声的陪伴下一路高歌，唱响美好童年！

令人精神振奋的美篇，在金果果的花园里姹紫嫣红，精彩纷呈。收获与喜悦的美篇，如花儿朵朵开，让盛夏的果实那么芬芳。

金果果的金娃娃们要毕业了，不舍在分行诗里溢满，那是最真最朴素最简单的真情！

时光倒流，飞金流火的日子里，金果果的宝贝们要毕业了，淡淡的惆怅凝在金果果人的眉宇间，尽管每年都有宝贝们毕业，可是还是难舍。

十年来，一批又一批的金娃娃们，让张燕燕的时光在眼角暗自芬芳，那种离别之情在毕业季被刻画得温情，流淌成一首歌。

阳光在金果果的每个角落洒满爱，爱在金果果的生长，那么真那么切！

依旧是美篇的分享，让很多人对金果果刮目相看，家长们也感动于老师们一次次耐心、细心地给宝贝们拍照，那些抓取感人瞬间的照片，传递温暖和感恩，如河州牡丹一样芳香四溢在金果果的纪念册上。

我是宝贝，亲爱的老师，我有很多话想对你说——

三年前我第一次来到这里，玩具扔满地，还经常发脾气。今天，站在这里的还是我自己，手帕、袜子自己洗，还会唱歌、跳舞、画画，也懂得了一些道理，不再是那个抱着你哭不吃饭不睡午觉的小调皮。

亲爱的老师，等我戴上那鲜艳的红领巾，再来回忆我们一起走过的点点滴滴……

我是老师，这三年，我经历了美好——

亲爱的孩子，我盼你毕业又不舍你毕业。还记得那年秋天，你来到我面前，牵起你的小手，一晃就是三年。

这是终点，更是新的起点，那些我们共度的快乐情节，会成为挥之不去的怀念，让我们把美好珍藏于心田，微笑着说声再见！

愿你们今后就算面临挑战，可以不惧困难、勇往直前。

走过我的青春，你的童年，愿一切美好依旧淡然、简单……

我是家长，这三年，我懂得了理解——

爱不需要掩饰

都说师者父母心，原谅我才体会到这句话的含义，我曾经焦虑也曾质疑。

是你们的宽容和大气让我懂得了彼此间的理解和信任，孩子们从牙牙学语到表达流利，从小心翼翼到充满勇气，从不会穿衣到自主独立，从毫无规律到从容自律，都有你们努力付出的痕迹。谢谢你们提的那些建议，谢谢你给的那些赞许，祝愿你的生活总有欢声笑语……

宝贝、老师、家长三个层面的真情表述，让结束语溢满感动：世界很大又很小，希望在未来的路上，他们还会有甜美的重逢，他们还能共话初心！

如此，一座城，一个园，一些人，一份爱，变得含情脉脉且真切无比。

每天，在朋友圈记录金果果的点点滴滴，是张燕燕灌输并传递给伙伴们的，那些记录都是他们对自己对金果果最好的抒写与纪念：

从周一晚上研课结束后，收到的第一束手工制作的玫瑰开始，注定着今年的教师节有特别多的感动和幸福，谢谢在每一个教师节里依然记得我！

谢谢！唯有感恩，只有感恩。

一件件事，一群群人，组成了我们不一样的人生，我何其有幸，得你们如此厚爱，我知足且幸福！

幼师，多么可爱的名字！是这些鲜活的生命让我们日复一日，年复一年，在自己平凡的岗位上永远充满爱与责任，永远充满温暖与希望！没有当过幼师就不知道当孩子进步时的满心欢喜，没有当过幼师就不知道曾会为别人家的孩子绞尽脑汁，没有当过幼师就不知道当孩子毕业时会满脸惆怅、心被掏空的感觉，生怕再也见不到那些曾视如珍宝的孩子们！就这样，迎来一波、送走一波，而我们一直一直在这里！

敬人者人恒敬之！张燕燕园长在大同做分享交流！

厉害了我们的金果果！每次外出学习，都会听到对金果果家长、金娃娃、金果果人的称赞，自豪之余，也为自己加油！

……

张燕燕的如实记录更是事无巨细，每次外出，去国外还是国内学习的心情、所得及感悟，都会一览无遗地展示在微信朋友圈，比如去大同跟岗学习，她留下几百字的短文：

邀请原临夏回中校长马自东为金果果人讲课、交流并留念

带着金果果人的责任与使命，带着希望与困惑开启期盼已久的为期一周的“全国第25期‘大手拉小手一起走指南’”跟岗学习，与来自全国各地的园长、老师们一起学习、成长，相互交流研讨，共创幼教美好未来！

穿越千山万水，只为不辜负；踏遍万水千山，只为不甘心；告别后坚强，受伤也决不投降；背影会解释我所有的去向。

一万年太久，只争朝夕。学习的脚步从未停止，金果果人，一直在路上。

愿我们每一次的学习和成长，带回去的不仅仅是专业技能，更是生生不息的希望和爱，致力于服务和疼爱所有的金果果的金娃娃。

大C班的土豆小朋友说，“这五天短得像一天一样”，果果说、瑶瑶说……她们说，“老师，你把我也带回家”“周一入园你记得还来我们班”“你想我的时候可以来幼儿园看我们”“等我长大了去甘肃看你”……

谢谢孩子们！爱出者爱返，福往者福来！

路漫漫其修远兮，吾将上下而求索，把爱和责任带回去！

此外，一有空闲，张燕燕转发伙伴们的微信时写上自己的感悟：教育是塑造，教育更是唤醒，教育的目标是：身心健康、人格健全、习惯良好、智力优异、全面发展、个性张扬，有爱的老师需要给予孩子足够的爱的环境、可选择的环境，能唤醒孩子内心的精神种子，驱使孩子主动去做任何一件事。借助我园“篮球课、体能课、户外环境等教育课程”，培养孩子的忍耐力和自制力，增强孩子的自信心和面对挫折的承受能力，树立孩子尊重他人、团结、合作的意识。

精进、专业、规范、创新是金果果人不懈追求的目标和方向，每周雷打不动的家园共育教研活动，给金娃娃们的后继学习和终身发展奠定良好的素质基础，借助活动的契机，与家长一起努力给孩子提供利于主动生长的环境，给予他们随时能找到成就感和个人效能感的机会！

此刻想说：时间从来不语，却回答了所有的问题。只有和谐共处才能谱写出曼妙的乐章，用心观察才能发现生活的美，用心品味才能感悟生活的真谛。

张燕燕的感悟既有哲理又很温情，一种惊心动魄的美，在阳光下绽放，张燕燕的爱无声地在升华她的前路与灵魂。

云朵，阳光，天空，一切蕴出温暖！她抬头，心向着太阳言说梦想实现后的欣慰，以及风把她的梦想捎给远方的喜欢。

四

八月的风吹啊吹，吹红了金果果、金果果人、金娃娃们的一切，他们犹如一串串的葡萄园紧紧相拥，以执着心与朴素心、简单心与热爱心，燃起紧密团结共奋进的大火，腾跃在与金果果息息相关的点点滴滴中。

有篇短文，虽然平铺直叙，记录的却是在金果果军民街分园的所见所闻及真切的感悟，读后令人心向往之——

大班金娃娃杨静怡的手工画

初秋的一天，清晨微雨滴落，惬意与舒适中步行，甚是享受。

快乐活动快乐记忆

“六一”儿童节慰问金果果人的孩子

放飞希望

初次去金果果，很是惊讶，比想象中的精彩。本以为，一所民办的幼儿园，即使办得再好，也有显山露水的弊端，孰料，园中的温馨，老师们饱满的精神状态与工作热情，还有宝贝们的欢喜，勾画的美好如那一株紫藤，凝结着岁月的芳华，叙说着十年的故事。

雨中，葡萄架下一串串玫瑰香的紫葡萄，拧着疙瘩，更是可人，吸引着园里宝贝们的目光，也吸引着宝贝们的爸爸妈妈或爷爷奶奶的目光。但见一位年轻爸爸在仰望，他的宝贝儿子也跟着仰望，一大一小两个男子，仰望的姿势如出一辙。

于是，我也仰望。

微雨顷刻便如瓢泼，如注的大雨中，迎接小朋友们的两位老师与两位小宝贝很敬业，他们站在园门口，面对陆陆续续被爷爷奶奶或爸爸妈妈们送入园的小伙们，不管认识与否，一声声“早上好”甜蜜了清晨，而又对匆匆的离园者依旧是一声声“再见”。两位小宝贝身着“金果果幼儿园礼仪小天使”的绶带，当然还有身着白色运动衣的张燕燕，她与值班老师一样，也在笑脸相迎的“早上好”“再见”中履行着礼仪老师的职责，如果不介绍，或许小班小宝贝的爷爷奶奶不知道张燕燕就是金果果的创办者，不知道就是张燕燕这个平凡的女子用青春书写着金果果的一切。

生活磨砺着张燕燕和她的金果果，使她变得更成熟。作为积石山下长大的女子，作为积石山人，她的气质中隐藏着积石山顶皑皑白雪的纯洁，潜隐着滔滔黄河的雄浑；作为积石山下行走如风的女子，她的举手投足间绽放着唯美与大气的朴素和简单。

园中的葡萄架下，一盆盆吊兰悬挂着，与摆放的盆花一起装扮着金果果的院子。绿色、紫色、红色、橙色，相映成趣，构成多彩的空间。

园里的走廊上悬挂着一枚枚酷似风铃的饰品，那是老师们从山里捡来的松塔，用丙烯染色后，麻绳拴了，一枚枚吊在走廊里，或贴在墙上成为画图的支点，很独特，很艺术。

有一个装框的粘贴画是一位身材苗条穿长裙的姑娘，那是张燕燕刚创办金果果时自己用布头拼接粘贴做的，装框一挂就是十年，似乎在默默历数金果果的变迁及走过的日子。

老师们的心灵手巧令人叹为观止，赞不绝口。她们用筷子、用鸡蛋盘、用捡来的干花、用破碗与酒瓶做的手工，让人眼馋。当然，还有用纸条做的手工花，浅淡的颜色，温婉，静中彰显着花儿怒放的分分秒秒，装框摆放或挂在墙上，艺术的气息弥漫在园里的细枝末节处。

身材高挑的文海丽副园长是十足的文艺青年，喜欢文学，喜欢用文字记录点点滴滴之余，也在微信朋友圈记录着金果果的一颦一笑、记录着金果果的举手投足，那些她与张燕燕一起走过的日子，在美图与美文中与大家分享着金果果的美好。

不胜枚举的丝丝缕缕里，金果果果香四溢！

厨师沙梅兰做的早点看着都有食欲，小米粥的喷香与玫瑰花卷，给人惬意的享受。从她的妹妹介绍她入园成为金果果的一员之后，她在金果果十个年头了，守着伴着金果果走过的那些日子，她几乎没有请过假，除了 2018 年胆囊手术休息了一个月，保持着每天清晨六点二十分准时入园，开始一天工作的习惯。

关于沙梅兰，金果果人微信朋友圈的文字那么温暖："善良真诚是你、坚守自律也是你，谢谢每一顿可口的饭菜，也谢谢给予我们的鼓舞。虽然读书没我们多，但散发出来的魅力和做人的品质闪闪发光，晨会上分享到她的'要干就干她个十年、八年，未来还有很多个十年八

在山野，金果果人的喜悦在传递

年，只要身体允许……’很是感动也很受启发！

因此，不由默想，金果果是一个什么样的平台？总能遇到优秀的人！

被唤作“小马哥”的马小玲，在擦楼道瓷砖上的泥，估计她是怕孩子们踩到泥巴后会滑倒。一下一下，马小玲擦得很认真。下雨天，泥水难免，或许在家她与我一样，只用拖把拖几下就歇手了，而作为金果果人，她的敬业精神体现在日常的方方面面。

小班总有个别小宝贝在入园的最初日子里会哭，所以那些左拥右抱宝贝的一些老师们很有耐心，哄哄哭得一塌糊涂的这个，又哄哄抽泣的那个，很是忙碌。

胡婷婷在哄一个哭闹的小宝贝，给他擦眼泪，哄劝得很认真。此刻，她的温柔与在晨会上令人捧腹地大幅度扭动腰部写字的形象大相径庭，“我的娃，别哭。”她嫣然是宝贝的小妈妈，她说班里的宝贝们都是她的娃，她很富有。

快乐委员胡青青和乖乖女张兴兴既是老乡又是校友还是同事，一路走来，八年转瞬即逝，青春在她们的脸上洋溢着美，她们的脚步轻盈，在金果果划出时光的圆圈。

《弟子规》的朗读声在每个班响起，宝贝们稚嫩的声音触动心扉。

微笑感染着瓢泼大雨在园中溅起水花，敬业精神感染着紫藤与葡萄架相视一笑，草坪地垫被洗刷得油绿发亮，如茵草茂盛着……

看似流水账的文字，真性情流露在字字句句中，勾勒出模糊又清晰的金果果及金果果人。

金果果在临夏市军民街从创办到站稳脚跟发展到今天的三个分园，以儿童为本的办园理念从未改变，不管面对怎样的挑战和困难，每次活动的开展都从孩子真实的生活经验出发，透过仔细观察、做游戏、探索操作的方法，以集体、分组等形式，实现尊重生命价值、关心生活环境、解决生活问题、沟通人际关系、传承生活文化的教育目标，使孩子学会自我实现的关键能力。所以，更多的人愿意把孩子送到金果果，愿意让孩子在一所民办幼儿园度过珍贵的童年，接受启蒙教育。

文海丽是军民街分园执行园长，她的微信朋友圈也分享、记录着金果果带给她的一切：

最好的教育是陪伴，而不是陪着；在父母教孩子成为好孩子的同时，父母更应该感谢孩子教我们如何成为更好更合格的父母；因为种什么因，就得什么果！

今天在毕业班的班级群里收到好多家长发来的感悟，看到后很幸福也很感动。孩子们明天就要上一年级了，我为孩子们感到高兴，想念毕业班的孩子和家长们，在金果果三年，孩子们不仅收获了满满的友情，金果果的家长们也对金果果有了深厚的情感，祝福我们的金果果娃和金果果大家长！孩子们即将开启新的征程，愿所有孩子一路披荆斩棘，成为更自信、勇敢、智慧、对社会有用的人！

开会篇之感悟：每一次的会议都是为了我们更进一步了解孩子，所以，亲爱的家人们，你们是幸运的，起码知道孩子在每一个成长阶段的点点滴滴，可以用专业去引领孩子，让每个孩子做好自己！

家访篇之爱心：对贫困家庭及父母残疾家庭的家访工作逐步展开，尽金果果最大的力量为这些特殊家庭的孩子提供最大的关怀与帮助，减免学费、定期帮助！

金果果人一直在路上，做行善的教育、温暖人心的教育，星星之火可以燎原！

诸如此类的分享每天有好几条，有时候是拍的小视频，有时候是照片，而那些文字不管是摘抄还是感悟，都影射着对金果果的喜爱之情。

白霞是经济适用房分园执行园长，她从临夏师范毕业后，为了自己得到长足发展选择了金果果，而且一干就是十年。十年里，她在学习在历练在不断地成长，也与大家分享着金果果的成果，分享着人生之路上的获得——

记录篇之小班宝贝：你们很了不起，情绪已经稳定，知道了排队，做操时还能找到自己的位置，每天都在进步中。我享受这份工作带来的欣喜和满足，但也要承担相应的责任和压力，所有的金果果人，我们加油！

记录之大班新生家长会：在金果果有一条潜规则，那就是学习的地方永远水泄不通！周末，有些家长在睡懒觉、看电视、刷抖音……但也有一些家长正在用心地给孩子做早餐或者有质量地陪孩子，而金果果里的一批家长正在为孩子这一年的发展而学习而努力！

坐标篇之积石山银川乡胡李家：一碗烩菜、一碟炸果、一杯糖茶，一群人……宴席的味道很正宗。农村走出来的孩子大都对农村有特殊的情感，有割舍不掉的依恋，如我，每次到村庄浑身舒服，心情舒畅，走到哪里满眼都是美景、最亲的人。生命里的同行者！愿我们往后余生，彼此多多指教！

今日分享曾荣获第十届日本绘本大奖的《哭了》：小时候的我，是个超级爱哭鬼。可是长大后，却不常哭泣。我很想像小时候那样，想哭就哭，每天哭上一回，可是，做起来并不容易。长大后我才明白，能想

金果果欢迎您

哭就哭，是多么棒的事情，能每天哭一回，是多么帅气的事情。人，有各种不同的“哭”，也有各式各样的“眼泪”，关于“哭”这件事，我们是不是要稍微想一想呢？

恒基分园执行园长李永霞有些腼腆，话语不多，很是温柔，可是在工作上她是张燕燕的得力助手之一，是有气场和魅力的人，她的微信朋友圈关于金果果的讯息，不管是转发还是发自肺腑的心声，不管是哪个分园的，几乎滴水不漏而又与伙伴们同步，譬如《金果果教研篇》的内容：

教育是塑造，教育更是唤醒，有爱的老师需要给予孩子足够的爱的环境，可选择的环境让孩子能主动生长，就像一颗种子，如果放在阳光和雨露充足的土壤里，就会生根发芽，根深苗壮，最后长成参天大树。

如果把幼儿比喻为人生的春天，我们犹如季节之神，肩负重任，每天迎着朝霞播种，踏着夕阳收获，带领孩子顺利度过每一天。尽管我们只是点点滴滴的雨露，但在阳光下却折射出夺目的光彩，使我们的人生平凡而又辉煌。

这个月我们的主题是“拔呀拔”，通过探索和学习，孩子们了解了许多根茎食物；常常动手动脑探索物体和材料，并乐在其中，能经常动手动脑寻找问题的答案，探索中有所发现时感到兴奋和满足，愿意并主动参加群体活动，通过观察萝卜的形状和特征，自己在做学习单、自己动手种胡萝卜、跟老师和小朋友一起分享红薯……

文海丽、白霞、李永霞及金果果的老师们，不管是用美篇或是抖音，总是把每次活动留存，记录着金果果每一次活动的闪光点。

如此，金果果怎么会不金光闪闪呢？

五

一场秋雨一场寒，九月的雨落着落着，就到了庆祝中秋节活动的这一天。

那天也是教师节，上午九点，在经济适用房分园的院子里，一场别开生面的庆祝活动拉开序幕。

中秋节的相关知识在主持人的讲述下一一灌入耳际：中秋节又称月夕、仲秋节、八月节、八月会、追月节、拜月节、女儿节或团圆节，自古便有祭月、赏月、拜月、吃月饼、赏桂花、饮桂花酒等习俗，流传至今，经久不息；中秋节以月之圆兆人之团圆，以月之圆寄托思念故乡、思念亲人之情，以月之圆祈盼丰收、幸福，中秋节已成为底蕴深厚、弥足珍贵的文化遗产……

其实，不管在哪个节日活动或是平日里，张燕燕与伙伴们会刻意或不经意间提问："小朋友们，除了'六一儿童节'，还知道什么节日？"

抢答声此起彼伏："端午节、中秋节，还有重阳节……"

张燕燕满意那些稚嫩的回答，那些稚嫩的回答铿锵有力，叩击着她的心扉。在温柔、甜蜜漫过心田的瞬间，她愈加坚信自己的选择是正确的，她一往无前的信念更加坚定。一路走来，若用玫瑰形容她的话，"铿锵玫瑰"既贴切又恰当。

当活动欢快地进行时，张燕燕感到心安也感到辛苦换来的甜蜜与美好。那刻，张燕燕是踏实的，无论是金娃娃们还是金果果人，无论是她自己还是属于金果果的一切，在她的眼里都是那般富有诗意。开心与快乐在每个角落洋溢着，即使那秋日的蔚蓝，也带着收获的脚步和情调。面对院子里的欢笑，她的思绪飘向蓝天，让心情嗅着熟悉的芬芳，瞬间，她的心门悠然开启，她像一株真实无比的草，一棵名不见经传的树，纷繁在自己的世界里，芬芳在自己的视野里，那么安静，那么坦然。她被自己迷惑也被自己蛊惑，在一段又一段岁月里，或许阳光是重复的，而她没有重复，她一直在路上，一直在挑战自我，一直带着金果果的宝贝们，找寻并分享着所有的欢喜。因为在她看来，从小养成分享的好习惯且坚持就是好习惯，她要培养金娃娃们从小就有个好习惯。

每一次的晨会都饶有兴趣

所以，在不同时间、地点的培训交流会上，对于幼儿传统教育，张燕燕的发言永远简单又直白，她说："让宝贝们拥有一颗感恩的心，让感恩成为自觉行为，通过向爷爷奶奶、外公外婆表达感谢，并且平时帮他们干一些力所能及的家务，把好吃的让给老人，把有趣的事告诉老人等等……从小事做起，在日常生活中，做一个懂事的孩子。感恩之外，宝贝们的成长中，家人的陪伴也是不容忽视的，在活动中，有爷爷、奶奶，或爸爸、妈妈陪伴的宝贝，每次活动中表现积极，也不怯场……”金果果开展的各类活动中，感恩与陪伴首当其冲，每次几乎都有家长参与，不仅增进宝贝们与家人之间的情感，也促进家长与幼儿园、家长与宝贝、家长与家长之间的沟通与交流。张燕燕与她的伙伴们相信，每次活动不仅会在家长心中留下美好的回忆，更会在宝贝们幼小的心中埋下爱的种子。

所以，张燕燕和她的伙伴们在弘扬传统节日的活动之余，让金娃娃与爸爸妈妈积极参与金果果的艺术活动，直言不讳地道出自己喜欢的活动形式，用多种工具、材料或不同的表现手法表达自己的感受和想象，让家长对举办的每一项活动都有新的认识，使得每一次活动都有创意、有创新。每次，他们看到一幅幅有创意的手工作品，快乐与欢喜的成就感油然而生，因为那些手工作品是小宝贝们与爸爸妈妈们用不同的材料、不同的表达方式、不同的色彩搭配共同制作的。

金秋之美流光溢彩，在民族地区发展幼儿教育，是张燕燕与金果果所注重的，譬如“我和我的祖国”大型活动结束后制作的美篇，照片不仅富有场面感与故事性，文字更是文采飞扬：

“我和我的祖国”精彩、感动、温馨、和谐，我用画笔画出七彩的梦想，爸爸、妈妈、老师，陪我一起长大，我喜欢天空般自由的课堂，也要聪明勇敢，做最精彩的翱翔，金果果是我的家，也是我梦想开始的地方，在这里我会茁壮成长……

在世界的东方，有一个古老的国度！在世界的东方，有一个伟大的民族，勤劳而坚强！奔腾不息的黄河是她的血脉，巍然屹立的泰山是她的脊梁！这就是我们的祖国——中国！

签名墙，记录着金娃娃们成长过程中的点点滴滴，一起用五彩缤纷的姓名来装扮这美好的回忆！

金果果的金娃娃，个个梦想远大，心中有你也有他，相亲相爱是一家；金果果的金娃娃，人人健康快乐，笑容绽放灿烂如花，幸福时光有你相伴！

光辉的十月美丽如诗，光辉的十月硕果喜人，光辉的十月是中国人民盛大的庆典，光辉的十月是共和国金色的诞辰！在这个光辉的日子里，我们一起祝福祖国妈妈生日快乐。

金果果的小能手们祝福我们伟大的祖国生日快乐！大班的所有小朋友和家长通过百米画展祝福祖国母亲永远美丽蓬勃！百米画卷满载着孩子们对祖国妈妈的祝福和爱意！

虽不曾见证你的诞生，却有幸共享你的繁荣。70年来的沧桑巨变，向世界讲述着中国人的勤劳和勇敢，每一个中国人为祖国的繁荣昌盛而感到自豪，愿祖国的明天越来越好！……

每次活动的美篇备受关注，家长们的留言也饱含深情，字里行间洋溢的欢喜之情，表达得言简意赅：感恩老师们的辛勤付出！老师的谆谆教导给了孩子们自信和勇气！感谢老师们用宽容和博爱去对待和关爱每一个小朋友，让孩子们健康快乐地成长，让他们的人生从此变得不同！感谢金果果幼儿园为孩子们提供了一个玩和学的舞台，孩子们在玩中学、学中玩，亲子互动、师幼互动，合聚人心，增进了班级的凝聚力，同时也促进家长们团结协作！

老师们每次的寄语，无论将来哪一天回味都是值得回忆的：亲爱的孩子们，你们是一群无比欢乐的天使，你们内心向善，乐于助人。希望你们努力学习和尽情玩耍，记住园长妈妈讲的三比原则：自己跟自己比，这次跟上次比，今天跟昨天比……

女儿张晓与儿子胡志鹏

张燕燕说亲子互动的环节看似简单，其实还是有难度的，人多了不好把控，少了又达不到预期的目的，三个园各自举办还是一起办，煞费脑子。而除了传统的节日活动，还要扩展还要创新，计划举办的“赢在教育，卓越人生”特训营，她说学习不局限于当下自己的圈子，金果果人要一直走在学习的前沿，要给自己蜕变的时间、空间……

博大的胸怀，纳入了世间万物，张燕燕沉浸于希望的美好，因为伙伴们的团结努力与全力以赴，因为被家长们认可，忙碌之余，她会让自己的生活充满情调，变得丰富多彩。与伙伴们拍萌照，与伙伴们歌唱，当然还会在独处时听听鸟鸣，那“啁啁”“啾啾”“喳喳”还有“叽叽”的声音，或抒怀或沉默或安之若素，是那么的感性。

季节无论怎样忙着变换姿势，在不一样的景致里，张燕燕的目光里衍生出关于美好关于唯美关于爱关于梦想，感染着她身边的每一个人，即使门卫大叔与阿姨，他们也在每个清晨用一声声“早上好”的问候与一次次发自内心的微笑，认真地迎接着每一名入园的金娃娃。

秋雨飒飒的一个清晨，经济适用房分园的门卫大叔站在伞下迎接金娃娃们时，他的衣服被雨淋湿了、裤脚也湿了一大片还坚持站着，尽管大叔的声声“早上好”的普通话发音并不标准，但是他的工作态度便是金果果的态度——用真诚打动身边的人，用真情感染别人，让金娃娃们从小感知真诚！

如今，在金果果的任何一个分园走走看看，可以深切地感受到，民族地区民办幼儿园的教育，不仅是一种理念、一种文化，更是金果果人渗入骨髓、融入灵魂的敬业精神，他们用执着的信念书写着理想教育最美的诗行……

六

秋天的故事在风中繁华忙碌，张燕燕每天忙碌，不是开会就是去外地培训学习参加教研活动，所以她在与不在，金果果一切有章可循，金果果人并没有因为她的不在而有所改变。

每天的晨会准时进行，不管哪个分园，晨会是惯例也是习惯。在值班老师的主持下，不一样的活动内容和一天的主要事情，都在晨会梳理一遍。

下雨天，经济适用房分园的晨会自然在大厅举行。老师们排成两列面对面而站，等白霞园长总结了中秋节的活动成果与不足后，由值班老师王翠翠开始主持。那天的晨会内容是她精心准备的，为了给老师们一个惊喜，她按捺着欢喜开启晨会模式。

金果果的晨会与众不同，氛围感染着每一个人，就是家长看到也跟着叫好，分享欢快时刻。孩子们好奇地跑过来，抓着自己老师的手，看着一帮“大孩子”开始摩拳擦掌开始他们的晨会。

“1，2，3，4，5……30。”报数之后，王翠翠开始了谁也意想不到的晨会内容：“30 人，分成 3 组，首先开始第一个游戏——摸石头过河。每组 11 张纸，依次传递，而后踩在纸上像踩在石头上，后来者居上……”王翠翠示范并细说游戏规则时，要去上班的家长已经把孩子送到了。

晨会在继续，节奏感极强的音乐响起，气氛一下子活跃了。在一片欣喜与哗然里开始游戏，老师们宛如孩子们，拍手、鼓掌、打气，一场游戏里的紧张、欢呼、喝彩让金果果的清晨欢声笑语不断，第一个游戏在欢呼雀跃中结束，继而“到达巅峰”的游戏也在欢快中开始又结束。游戏的过程中，老师们酷似回到了童年时代，一天从欣喜与轻松中开启，上班路上的不快，甚至郁闷的心情，在欢笑中消失殆尽，

幼儿园活动多多，每次都是锻炼

尤其是值班老师的创新与别出心裁，更是另一种方式的相互学习。

如若哪一位老师想敷衍晨会，那么那一天或者说短期内她的心情是失落的，因为有比较，所以如果不学习、不动脑筋、不创新的话，定会落伍、定有失落感和挫败感，而为了更好地展现自己，让自己有拓展的空间，必须努力、必须创新。

激发活力的游戏环节之后便是总结："感受很深的是彼此间的信任，还有感动！""齐心、协作、团结精神、默契、坚持，感动每一个友情传递的瞬间……"

朱丽娟是金果果唯一的一名军嫂，提及在金果果得到的友爱，提及张燕燕和白霞与姐妹们给予的温暖，朱丽娟的眼泪夺眶而出，哽咽着说不出话。31 岁的朱丽娟是天水人，因为爱情嫁给了一名河南籍军人，并随军来到了临夏，后来，她考取教师资格证，为自己的人生添上了浓墨重彩的一笔，与儿子一起成为金果果的一员，儿子是金娃娃，她是金果果人。

朱丽娟视异乡为故乡，把金果果当作娘家，把伙伴们当作娘家人，姐妹的情分在她生活的字里行间延伸。她分外珍惜在金果果的日子，所以不喜欢节假日在家休息，金果果和园里的宝贝们让她活出了自己的价值，让她开心和快乐，即使每天打出租车上班，从西边跑到东边，每天花十几元的车费也不心疼……

张燕燕与她的金果果就是这样吸引着一位位年轻的老师，也吸引着一颗颗年轻的心，既来之则安之。

20 岁的杨莎莎是临夏县人，目前是金果果里拍抖音的高手，她青春焕发的活力与渐露头角的特长，让她自信无比。她从临夏现代职业学院毕业招聘入园之前，话语不多，与人打交道甚少，成为金果果人两个多月后，性格有些内向的她竟然大大改变，她也惊讶自己的改变。她说她读书的四年里，除了和几位同学关系要好之外，不喜欢也不愿意与同学多交往，可是在金果果没多久，她变得开朗又活泼，因此，她的父母支持她、鼓励她在金果果脚踏实地当好一名幼儿教师，不要有别的想法。杨莎莎说自己的想法与父母所想一致，原因与工资无关，而是性格的改变不仅让自己也让父母感受到了在金果果的成长和发展。

王婷婷在金果果的成长也令她自己惊喜，似乎可以写一篇在金果果的“惊喜记”。她高中毕业后，家人还思谋着让她去学美容美发时，她意外看到金果果招聘老师的启事，便义无反顾地步入金果果，通过一系列的考核、试用之后，留在金果果从最基础做起，一步一个脚印，走得稳健。如今，她是金娃娃们喜欢的老师，自己也努力学习，不久就能取得幼儿教育的文凭，做更好的自己。

在金果果成长、发展的不仅仅是王婷婷，还有持之以恒的赵娟。从临夏师范毕业后的赵娟，因为学的是专业对口的幼儿教育专业，那年她不但在招聘考核等方面过关斩将，且在金果果发展得如鱼得水，时至今日，已是金果果经济适用房分园的教学主任。赵娟的成长令她自己满意，她的梦想渐渐实现，在金果果一晃多年，她没有选择跳槽，一直是金果果人，一直是张燕燕的好伙伴。

金果果给予像杨莎莎一样的女孩梦想，也给予像朱丽娟一样的异乡人温暖，像张燕燕一样在金果果学习成长发展的金果果人愈来愈优秀，让她更有信心。金果果的院子里总是喜气洋洋，她与伙伴们都是神采奕奕的，问之何故？张燕燕说，她们每天与金娃娃们在一起，感知着金娃娃们的纯洁，吸收着宝贝们的纯阳纯真之气，自然有好状态，自然心纯见真！

思之，却也如此。金娃娃们见到园里的来访者，主动打招呼，细声细语或大声说“老师好”，天真无邪可爱的模样让人感觉一下子年轻了许多，而金果果人相互间言语的友爱、微笑的温柔，也感染着自己与旁人及金娃娃们的家长们。“亲爱的，我去一下办公室。”“亲爱的，你要去干什么？”……一声“亲爱的”拉近了彼此的距离，情感在递增，大家庭的美好在延展，金娃娃们快乐成长，金果果人如兄弟姐妹般情深义重，金果果的大院里溢满温情、温暖与爱。读一段金果果见闻的文字，如同自己在金果果走了一圈：

孩子们的纯真与自然，老师们的柔声细语，相比之下，很惭愧自己言语的直接且生硬。

这些美女老师们，有军嫂、有豆蔻年华的少女，也有风华正茂的青年，还有十年前就知道我的女子，更有我年轻时下乡采访的那年还是初中生的园长，她们在成长，我在老去。然而她们让我心年轻，让我开始渐渐喜欢用“亲爱的”三个字，是她们颠覆了我的某些认知！

一起嗨起来

我与她们合影，感受她们的晨会，偷拍她们的工作瞬间，体会九月“拔呀拔”主题的红薯认知及分享，精彩瞬间的快乐，我喜欢、我欢喜、我祝福……

我喜欢雨天的美好在延展，即便头发淋湿也欢喜无比，一位美女老师和军嫂老师见状，给我递纸巾让我擦擦水滴；雨落在我身上，又有美女老师给我拿伞……她们给我的温暖发自内心，她们的美体现在细微处的一声声“你好”里，真诚的微笑与自信的目光感染着我。

好多宝贝在教室看到我，向我喊着“老师好”。我虽不是他们的老师，但是那刻我很感动，我俨然是一位与他们的老师一样的人，于是窃喜。

舞蹈室里，小女生们席地而坐，跟着舞蹈老师起舞，扬臂、弯腰都有模有式，一点也不含糊。老师是获得了舞蹈考级证书的专业老师，因为金娃娃们习惯了上舞蹈课时被参观或学习，她们一点也不惊讶，没有对陌生人好奇而乱了节奏，依然跟着老师继续仰脖、弯腰，一招一式练得认真。

在小三班，老师们先让宝贝从形状、颜色方面认知买来的红薯，而后煮熟，又让他们认识煮紫薯水的颜色，最后一一品尝！

走走看看，满是羡慕与喜欢，金果果的每一枚果果，金子一样珍贵在光阴的故事里……

七

暑假的一个傍晚，军民街分园很是安静，张燕燕在院子里用心感受花草的芬芳。教室里的桌椅，像端坐的一个个孩子，循规蹈矩，静悄悄地听着一朵朵小红花的叽叽喳喳，时光似乎在那一刻凝固，她回到了自己的童年，回到了她每次回姥姥家时站在临夏市第二幼儿园院外的记忆中。

关于幼儿园的记忆，是她站在临夏市第二幼儿园的院外，注视着院里的孩子们，羡慕他们可以在幼儿园欢唱、跳舞，与老师玩游戏。那时，张燕燕多么希望跑入幼儿园，与那些孩子一起玩游戏、玩滑滑梯……

原来，张燕燕的姥姥家在临夏市第二幼儿园附近，她的妈妈每次带她和弟弟看望姥姥时，总要路过幼儿园。每次，她都要多看几眼幼儿园，还会偷偷跑出家，盯着那些孩子们玩耍，梦想自己也能在幼儿园唱歌、玩游戏。

多年之后，张燕燕梦想实现了，令人惊喜的是她已经成为一名合格的幼儿老师，带着孩子们在幼儿园享受一切，创办的三所幼儿园，在有序发展的基础上，成为一个品牌，在民族地区的幼儿教育方面树立起了自己的牌子……

记忆在宁静里无欲无求的时候，才能找到被喧嚣和繁华弄丢的东西，张燕燕勃发的青春在风雨中历练着坚强，历练着品格，精致着教学的分分秒秒。

张燕燕会思考，会以生活中的细微处彰显民办幼儿园的特色，尤其是自己动手制作让宝贝们好奇又喜欢的玩具。

幼儿园需要的不是一本正经的装饰，而是随意随性，接近孩子天性的画图和摆件。这才像个幼教场所。要摈弃一本正经的装饰，需要好好思谋。

旧物件、破碎品没有任何用处，在她的带动下，老师们都是巧手，可以随时在园里展开一场手工活。

“张园长，这样合适不？”

“张园长，这里挂个裤装的挂件吧？”

“张园长，是不是添加上一些卡通人物更形象呢？”

园里一片火热，金娃娃们都被家长接回家了，她们可以闲下来认真地讨论、认真地思考如何去做，如何做才会做得更好，各抒己见、讨论热烈，充分发挥了想象力，激发了创造力，为把墙壁装饰好群策群力。

张燕燕总是能捕捉到瞬间的美，当伙伴们发挥创造性，把不用的物件裁剪、拼接、粘贴、缝制，制成琳琅满目的装饰品时，她发自内心地笑了，是满意的笑。因为写写画画对于一名幼儿教师来说虽一点也不难，但是脱离书本脱离课堂，从实践中摸索的尝试，还是需要花心思的。

金果果的空间里，每个人都是写故事的人，也是听故事的人，更是让故事变得细腻的人。心情好了，什么都美丽了，即使做功课做课研，都是激情勃发的。文海丽、白霞、李永霞与张燕燕一起去开会，路过某一家烟酒店，几人同时发现堆放在店前的几个酒瓶不仅好看，而且颜色鲜艳，便异口同声指向那几个酒瓶，拾到一个纸箱子里放好，会后又特意绕道带回幼儿园，做成饰品，不仅装扮了金果果，还丰富了手工素材。

有爱的地方，自然有爱的歌声，金果果洋溢的爱，欢歌一样在风中吟唱。那些歌曲是大家赏心悦目的，很多家长口耳相传，夸赞金果果。

每一个金果果研课的夜晚或周末，金果果的老师们是毫无怨言的，而那些金娃娃们的父母们一点也不拒绝，每一次都参加，沉浸在金果果带给他们的新奇感中。家长与老师们的交流，在分分秒秒里传递信任，相互商量，做游戏或是探讨，都是为了宝贝们更健康更快乐地成长。

一把剪刀、一张彩纸、一个棒棒胶，在一双大手与小手里注满生命的美好，一朵花，送给奶奶的礼物，在一声声惊讶的目光和欢喜里延伸。

金娃娃们一个个毕业，步入小学之后，有些小宝贝们依然念念不忘金果果的老师，周五放学后特意去金果果，站在园外，等着见老师一面。他们的一举一动，他们的开心与快乐，都是金果果人的幸福。

爱是一挂瀑布，流泻世上最真的情，乡愁是一挂掐出水的爬山虎，嫩绿着的悠长雨巷，在一帘水上古朴典雅。一帘幽梦悬在积石山下，光阴的细密与忧郁，在一条写满油纸伞的雨巷，别着一枚结籽的愁怨。那枚愁怨隐藏在从前的车马前，因水波的绕指柔而停歇……

张燕燕的爱，张燕燕的乡愁，张燕燕的愁怨，凝成一个传奇。她是打造金果果的艺术家，鲜花与掌声在她一次次外出学习的交流发言里，在她每一次创新的赞誉中，她的付出有回报，她感恩先生的支持，感恩他是她最坚强有力的后盾，她感恩婆婆与母亲的默默支持，她也感恩金果果人的努力与付出及对她的支持，更感恩社会各界给予的认可。

感恩与祝福那么感性，在张燕燕的生活里让她幸福着，让她付出所有努力前行着。

或许，很多人不理解她的辛苦，然而她的家人与朋友支持她理解她，站在她的身后，注视着她的每一步每一天，给予她最大的支持，做着她的后盾。

夜晚，一袭窗帘遮挡了夜色，张燕燕的恬静和思念在夜色里洇开，她在梳理白天的活动。夜已经深了，尽管疲惫，但是她还是坚持每天的记录，作为金果果的掌舵者，她不能懈怠，不能有丝毫的马虎或疑虑。电脑打开了，敲打键盘的声音，在深夜或是凌晨那般清晰，一下一下落在心坎上，她是疲惫的，而突生的内疚感让她有点自责。

对于自己的儿女她是不称职的妈妈，对于自己的先生她是不合格

欢喜延展在每次的活动中

快乐一家人的欢喜一刻

妇唱夫随，为美好金果果共同努力

的妻子，对于母亲与婆婆她是不合格的女儿、儿媳，因为她的心在金果果的发展和金娃娃身上，几乎每隔两三周就外出参加培训学习。她分享着培训、学习成果的同时，也一次次地原谅自己为了事业愧对家人，也欣慰自己拥有家人的爱，尤其是遇见自己的另一半——胡国荣。

胡国荣也是积石山人，共饮黄河水的岁月中，他们的遇见定格了情缘，一次次遇见里他们彼此欣赏，一次次欣赏后，携手步入婚姻的殿堂，为金果果贴上别具一格的标签，那个标签里蕴含爱、信任、支持与全力以赴。胡国荣让张燕燕的创业之路写满爱，他站在张燕燕身后的魄力让张燕燕勇往直前，他们共同缔造着金果果的辉煌。

胡国荣中等个头，麦色肌肤，厚实的肩膀与身板凸显男人气质，他与张燕燕的夫妻相很明显，都是圆脸，都是大眼睛。人帅气又懂生活，百分百地支持张燕燕，自己工作之余的时间都在金果果，是金果果的“编外园长”，被宝贝们喊作“园长爸爸”。其实，很多的时候，胡国荣特别怜惜张燕燕，尤其在半夜或是凌晨两三点，张燕燕尽管在外地学习或是跟岗培训，还在微信朋友圈坚持转发记录金果果的点点滴滴。作为丈夫，胡国荣没有理由阻止张燕燕对金果果所做的百般努力与付出，可是为了张燕燕的身体健康，他不得不提醒不得不叮嘱她挤时间休息、健康第一、劳逸结合、爱惜身体等，那些充满爱与怜惜的电话、短信、微信语音及视频，让张燕燕倍感幸福，懂得先生的爱与怜惜，所以她不敢懈怠。她称胡国荣为先生，因为“先生”两个字里除了爱还有尊敬与信任，她不习惯说“老公”或是“爱人”，她满心欢喜地称呼他“先生”。

生活的锻造使张燕燕与胡国荣自信且勇往直前。压力是动力，有付出必有收获。他们的每一天都是欣喜的，因为金果果，因为金果果的金娃娃们，事业与爱情芬芳着他们的家庭、他们的儿女、他们的亲友。

女儿张晓和儿子胡志鹏，阳光、开朗，学习很用功，以健康积极向上的学习态度和生活方式支持着张燕燕的工作。

张晓品学兼优，写的文章有思想有深度，有自己的见解，平铺直叙但有张力。

张晓的心在愿时光善待的默然里沉浮，她写的《愿时光善待美人》的文章里的那个美人就是她的妈妈。她的钦佩、欣赏、心疼与爱贯穿在字里行间，让一位坚强果敢又温柔的妈妈跃然纸上，作为成功者和勇者的妈妈，像朋友一样做她的守护神的女子，是在言传身教中教会她孝顺与承担的美人，作为她生命里的一盏灯，温暖又明亮着她，让她引以为傲，让她深爱……

一直以来，张燕燕不曾读过张晓的感悟类文章，而意外读到《愿时光善待美人》时，张燕燕热泪盈眶，唏嘘不已，她没有想到女儿的心思那么细腻，表达情感的字句那么有杀伤力，她逐字逐句地读了十几遍，心情久久不能平静，熟读多次，依然不忍放下，一次次在体味女儿的深情，无比欣慰——

愿时光善待美人儿

有时，想用这个世界上最美的语句来描述我的妈妈，在我的眼里，她的存在超过了这世上所有美好的一切。

1978 年 7 月 21 日，妈妈初至人世间；2002 年，她 24 岁，我不期而至地闯入了她的世界。光阴荏苒，妈妈从少女到人妻再到人母，往事如烟如雨。

“听说神无处不在，所以创造了妈妈，妈妈这个词只是一叫也触动

童年时代的张晓

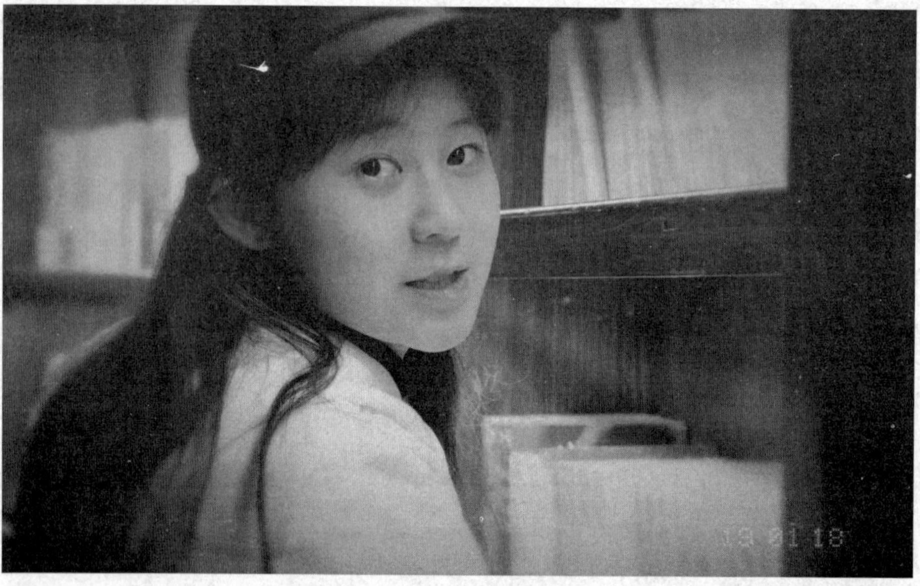

青春年少的张晓

心弦，妈妈依旧力大无比。”

我的妈妈是我的守护神，她认认真真守护了我17年。我的第一次学说话、第一次学走路、第一次上学直到长大后因为学业的压力和成长过程中的每一次难过与开心，妈妈一直陪在我身边，从来没有缺席，一直做我最坚强的后盾，给予我无穷的爱和力量，就像我生命中最亮的灯塔，温暖着我让我勇敢飞翔。

当我迷失方向的时候，她会悉心指引我，带我走向光明。

伙伴总说：“你有一个电视剧里的好妈妈！”

是啊！我的妈妈的确是世界上无敌棒的妈妈，那个我引以为傲的守护神，那个永远那么善良的妈妈……

妈妈也是我最亲近的好朋友，理解我的小叛逆，懂我内心真实的想法，与我一起分享快乐与小难过。

妈妈不会像别人的妈妈做好饭菜等自己的孩子放学，只会在百忙中抽出时间给予我高效的陪伴；她不会像别人的妈妈陪自己的孩子去这去那，但她舍得让我独自一人去看外面的世界，因为她说这个世界上总有些路要由我自己走、自己感受、自己探索。

有时，我忘了妈妈坚持的初心、肩负的沉甸甸的责任，总是嫌她工作忙，不懂得多陪陪我和弟弟。其实，妈妈给我的爱远远要比我想象的多。

有时，我在想，偷走妈妈青春的不光是岁月，还有我。因为，我是妈妈的软肋，在她踏遍生活苦难之余，还要护我周全……

别人总以为我的守护神——那个叫张燕燕的女子，她是一个母亲、一个成功者、一个勇者，每天生活在鲜花和掌声中，她似乎百毒不侵、刀枪不入，可她也是个女人啊，也是芸芸众生中的一人，有血有肉有难过有心酸。只是，她把脆弱与心酸留给了自己，展示给别人的永远

张晓出行留影

是坚强。

在一个成功者、在一个勇者、在一个母亲眼里，生活的苦难从来不是被打倒的因素，相反，是她们踏上成功的垫脚石。

因为有垫脚石，我的妈妈被历练得落落大方，被打磨得闪闪发光……

白驹过隙，17 年前出生的孩子转眼间长大了，懂得了孝顺、学会了承担，妈妈身上的闪光点激励着我为成为更好的自己而努力。

我的妈妈是成功者，是勇者！是我生命里一盏温暖的灯，在我最需要的时候永远亮着，永远是最温暖的，永远是最美好的。

我的妈妈是那盏一直温暖又明亮的灯，永世亮着，永生不灭。

天长地久有时尽，唯母女之爱日月长……

张燕燕的坚强在面对女儿的文字时沦陷，她为有那样一个善解人意的女儿感到欣慰，她也为自己能让女儿引以为傲而心满意足，她追逐梦想而勇往直前的心愈加坚定，因为张晓与胡志鹏是她的动力和精神的加油站……

八

金果果的花事是一场盛事，以独有的方式在绽放。

风雨中，阳光下，金果果的花树上盛开的花朵，一团团，一簇簇，摇曳的芬芳诞生智慧诞生精神，在张燕燕的梦想里挥舞着轻盈。

在追梦的路上，张燕燕享受着辛苦带来的幸福和获得，虽然像陀

书山有路勤为径

螺一样不停地转呀转，忙碌无比，但是她看上去一点也没有疲惫之感，相反，她总是精力充沛，待人接物及讲课等等，有礼有节有章法。

或许，张燕燕因为心态年轻，喜欢孩子，所以总是笑意盈盈；因为显得年轻，所以总是自信满满；因为心一直年轻，所以感动自己的一切时也那么纯真。

记录、抒写、独白、认识、感悟，朴素又真诚，如漾开的一瓢水，溅出十万滴水花，盛开出一个纸上的张燕燕，一个真实的张燕燕——

每每回首，我总是感动着自己。

这一年，对于我们每一位幼教人，都是特别的一年。有年初《民办教育促进法（修订）》带给我们的机遇与挑战，也有年末陆续出台的《意见》和《通知》带给我们的迷茫与打击，有坚持教育的初心不改，也有看淡风云的转场离席，有纷纷扰扰，也有不动如山。

这一年，对于我来说，更是特别的一年。有里程表上 32700 公里，用车轮丈量大地，一寸寸奔波；也有日历表上 365 个日夜，在日月星辰陪伴下度过的一分一秒；有一篇篇文章，一次次拜访，一遍遍沟通，一场场推广，一次次眼泪，又有一次次擦掉眼泪之后的微笑。我毫无保留，全心付出，走了一条虽然艰苦却又充满希望的路。

一路走来，我经历过民办幼教激情上扬的时代，也感受着民办幼教彷徨无助的瞬间，我曾经一路前行，有过多少欢笑，有过多少对未来的憧憬；我曾经全情付出，只为了心中的一个教育梦。

每一次政策的出台，都牵动着千千万万个幼教人的心，都让我们彻夜不眠。

当面临挫折与失败，面临未知与恐慌，总会有绝望的念头，我也有。

我也曾经站在高楼的窗前，忍不住会想：如果跳下去，是不是所有的问题就能迎刃而解；我也曾经在尊严被践踏、信任被嘲弄的时候，恨不得不顾一切只求一个公平；我也曾经有过一切具有破坏性的想法，真的，我都有。

我也有长夜漫漫的无声哭泣，我也有整宿整宿睡不着不断被惊醒的不平之气，我也有正开着车被突如其来的情绪干扰所造成的撞车事故。

没有痛彻心扉，哪来感同身受？一生太短，我们哭着醒来，又哭着遗忘。

我总记得《无问西东》里那句话：如果提前了解了你们要面对的人生，不知你们是否还会有勇气前来？

我们呢？如果我们提前知道所有的结局，我们是否还会开始？我相信，依然会。

每一次有家长参与的活动都那么有意义

毛姆说，皈依能以不同的形态出现，也可以通过不同的途径实现。有些人通过激变，有如愤怒的激流把石块一下子冲击成粉末；另一些人则由于日积月累，好像不断的水滴，迟早要把石块磨穿。

我们总要相信，即便身处寒冬，也不必怀疑春天的美丽，人生总会有低谷，但是我们一定要坚信：即便一切归零，我们依然有重新出发的勇气！

我们教育的目的不是单纯地让孩子端坐静听，而是动用多种感官，全身心地投入和专注，是探索、体验、交往和表现，是做事。只有了解儿童的学习，理解儿童的学习，才可能支持、引导和激发儿童的学习，才可能不断为儿童的学习创造条件。

从早上的晨会“最美幼师”到进一步落实和贯彻好国家《3—6岁儿童学习与发展指南》，金果果园本指南的更新和完善，再到园长妈妈关于“感恩”的分享，我们这些大孩子的开学第一课也很扎实、到位、接地气，感恩身边所有的正念、正知、正能量！

管理好自己的情绪，正确处理与他人的关系、与自己的关系、与社会的关系，以美好之心对待孩子、家人、亲戚、同事、家长、朋友……快乐生活、努力工作！

父母传递给孩子的信息：无论遇到什么困难，都要勇敢面对、乐观向前。必须学会接受生活的不完美，关注我们值得关注的事情，我们才能快乐。

一天的园所集体生活结束了，走在从园所把孩子接回家的路上，一切看似平常。其实，家长与孩子交流的每一句话，都体现着家庭教育的水准与用心。家长来幼儿园接孩子回家时，往往是孩子精神最亢奋、思维最活跃的时刻，所以这时的询问，是“亲子交流”的一个重要部分，是对孩子一天幼儿园生活的提炼升华。

家长应该提高自己的提问水平，多关心孩子是否快乐，多用启发式提问。

情商是隐性的，无法短期内形成，这是很多人根本不明白的，因为快餐社会，人已经失去了等待和耐心，所以，只顾着焦虑，却忘记了通过走心、专业的学习转换对孩子成长的焦虑，我们正在做的事——让孩子从小培养正确处理自己与自己的关系、自己与他人的关系、自己与社会的关系、自己与环境的关系，让每一个孩子有完善的人格，培养孩子良好的学习品质：创新、积极、感恩、探索、培养具有国际化视野的人，这是我们教育的最终目标，也是不懈努力的方向！

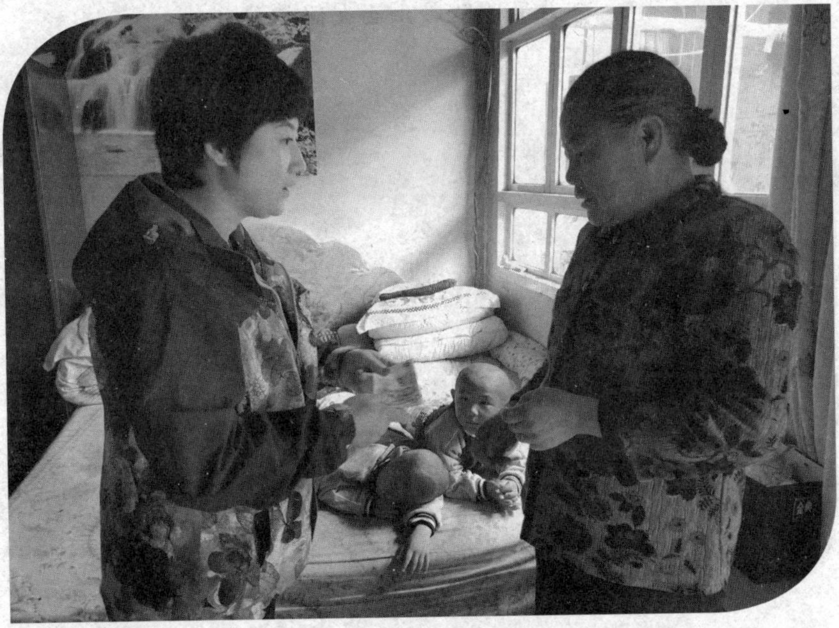

为“爱心班”的家庭送去温暖和祝福

金果果团队赴山西大同学习

金果果团队赴日本学习

金果果团队在五台山书画院

每一次的学习，是一次次难能可贵的成长

金果果是有魔力的，张燕燕也是有魔力的，魔力吸引之下，一年又一年，每年都有怀揣梦想的少男少女踏入金果果，成为一名金果果人，成为一名优秀的从事幼儿教育的金果果人。

一月，一年，他们成长，他们成熟，让金娃娃写下师生情缘的序言。

一月，一年，他们金子一样的心，认真快乐地书写从陌生到喜欢到爱的幼儿教育事业。

金果果、金果果人和金娃娃的情感，从隐藏到表白的寄语，寥寥数语，言简意赅，却如芳香四溢，盛开在属于金果果的每一个晨昏。

无论教师，还是后勤的厨师和门卫人员，他们在各自的岗位上锻造着金果果人金灿灿的敬业精神，在如同大家庭的金果果，为做更好的自己、为金娃娃更好的成长、为金果果这个品牌拥有更大的发展空间而努力！

感恩、感念，祝福、期待，他们发自肺腑的寄语，连标点符号都渗透着喜悦与自豪，他们火热的挚爱光芒四射，他们对金果果的深情与祝福在绵延：

张燕燕 泰戈尔曰：让所有人的付出都有回报，让所有人的灵魂透着香气，让世间的温情永恒！

日子就像一首心仪的歌，历久弥香。在歌声里，在喜悦中，我们收获着希望，我们从自己的影子中找到自己，在疏密相间的繁华与寂寞里显现自我，凸显自我。让我们用时光复制粘贴的美好，注解我们的人生与梦想，或璀璨，或坚持，或低调，或奢华，使我们金果果人的灵魂都透着香气地描摹诗意。

让心依附风，依附美好的分分秒秒，让我们金果果人的人生散发光芒，感动自己，感动时光。

胡国荣 雕琢人生，谱写永恒的奇迹。人生路上的选择只有依靠自己，别人是无法勾画的，从最初的艰难到今日的花朵满园，金果果人可贵的精神讲述可贵的品质，从此刻开始，让我们加倍努力，继续携手前行，共创金果果的美好未来，因为工作、家庭，只有努力，方有收获。说白了，只有创，才会盆满钵满，幸福自然也就被创来了。

李永霞 在这个幸福而温暖的大家庭里，我收获了一个全新的自己。每天，总会遇见很多小美好，我喜欢这里的一切，积极、乐观、善良、温暖、努力、坚强、勇敢自信是每个金果果人应有的状态，愿金娃娃茁壮成长。

张金盼 我庆幸走进这块沃土，我的追求梦想，快乐、痛苦化作雨露撒进了这片沃土中，金娃娃的稚嫩话语拂拭了我的坏心情，他们成长的快乐点缀着我的生活，时刻让我感受到被需要的温暖，我爱这里的一切！

佐国萍　在这个美丽的城市里有这一群可爱的幼教工作者，在这里我们一起努力，一起成长，在这里，我们实现自己的梦想，呵护每一个幼小的心灵，在这里我们一起歌唱，一起努力。

刘婷霞　这是我的第二个家，在我迷茫的时候点醒我，在我受伤的时候拥抱我，在我倒下的时候撑起我，给我自信、阳光、感动、成长。一个人可以走得很快，但一群人会走得很远，我坚信当我们足够好，一切美好的事物便会涌现。

纯真与质朴在瞬间定格

邱翠萍　我爱我的金果果，我爱我的每一个孩子，我更爱幼师这份神圣的职业，我将会用心地经营这份事业，用心呵护每个孩子！愿他们拥有一个健康快乐幸福的童年，在未来的路上绽放光彩，自由翱翔！

李海娥　相遇，爱。在这个疗愈内心的平台上，有园长妈妈的教导和信任，也有小伙伴的帮助。有疼爱我、严厉、完美型“婆婆”李老师，有敬爱的舅舅舅妈，有可爱到膨胀的草莓姐姐，我很幸福，我喜欢这个大家庭！

曹云云 将工作当作自己的事业去经营，孩子就是我事业的基础，用心去对待每个幼儿，让每个孩子喜欢我、爱我、是我不懈追求的目标。因为喜欢所以热爱，因为爱孩子所以选择了这份职业，愿金果果的金娃娃笑颜如故，可爱如初！

康丽君 金果果像父母一样包容呵护着我，见证了我的成长。在金果果，我每天都在孩子们的欢声笑语中度过，外面的世界有多精彩，孩子们的世界就有多可爱，愿孩子们的明天无限美丽，无限灿烂，无限迷人……

马晓燕 我不是第一位金果果人，成为金果果人却是我人生中第一份真正有意义的工作。一直觉得遇到金果果是我最大的幸运。和同伴一起努力，见到可爱的孩子们，有很多感动和幸福的时刻，愿金果果见证我的每一次成长！

李平平 金果果就像一首奇妙歌曲的音符，演奏着幼儿、老师、家

快乐如你

长之间好听的歌曲，用心去倾听孩子的内心世界，用真心去换取家长的信任，做孩子们最好的朋友。和金果果共同谱写精彩的人生篇章，愿我们一路向前。

陕雪梅　初见你时，满怀憧憬；认识你时，满怀温暖；了解你时，满怀希望；加入你时，满怀志向；融入你时，一路向阳。从认识开始，生命的轨迹已悄然发生变化，希望你在漫长的岁月长河中继续做指路的明灯！

张海红　金果果每一位可爱的小天使，现在的你们是一个美丽童话的开始，以后的故事也许包容百味，也会有挫折交加，但一定美不胜收，有绚丽的晨曦，也有风有雨，但一定有灿烂的阳光迎接。

张发学　刚来的时候还是一个懵懂的小白，在这里我不仅有了一份工作还有可去努力学习的机会，感谢园长妈妈和小伙伴们。我愿意用我们的耐心、爱心和责任心，为孩子铺垫一条成长的快车道。

黄艳艳　树林是小鸟的乐园，大海是鱼儿的乐园，夜空是星星的乐园，幼儿园是孩子的乐园。真心祝愿金果果越来越强大，大爱铸造小爱，让爱传递，让爱流动。培养一代又一代勇敢前行、永不放弃、怀有远大梦想的金果果娃。

石右芬　时常觉得自己是个幸运的大孩子，幸运来到金果果，幸运遇到张园长，幸运和我的小伙伴们一同学习生活，幸运有一群可爱的孩子们爱着我，无论何时何地总有人给我力量，让我前进。愿金果果以后成为现代教育行业的佼佼者！

祁万华　总有些惊奇的际遇，比方说当我遇见“你”。可爱可敬如母亲般的张园长，遇到她让我觉得生命开始了新的篇章；天真烂漫的孩子，充满正能量的伙伴，我们一起快乐、幸福成长。

张红红 让我接受真实的自己，接受不完美的自己；金果果让我懂得学习的脚步不可以停留；感恩遇见，感谢培养之情；珍惜当下，不断学习，提升自我，愿在这里收获更好的自己。

张芬芬 人生有很多美好，能改变的却寥寥无几。茫茫人海中我遇到了你——金果果，因为有了你，我才懂得成长的意义；因为有了你，我才感受到什么是温暖，什么是爱。感恩遇见，我的金果果！

马 婷 初到这里我就感受到了前所未有的温暖，在这里我有家的感觉，找到了温暖，同事的关心、包容，孩子们一张张纯真的笑脸。金果果真的是一个神奇的地方，我爱这里的一切。希望金果果越来越好，孩子们越来越优秀。

胡晓芬 金果果是一个神奇的地方，这片优质的土壤里，我们的金娃娃健康快乐地成长。我们不断提升自己、丰富自己。这里是所有金果果人梦想开始的地方，也是我们心中最温暖的地方，愿越来越多的未来之星都出自我们金果果！

毛俊兰 用真诚、微笑换取心连心、手拉手，用爱换取爱、用爱点燃孩子的心灵之火，爱意味着担当与责任。金果果的金娃娃，你们是一颗颗璀璨的明珠！

米金环 金果果是一个能治愈人心的地方。在这里，能收获很多的快乐与幸福。很幸运自己在最美的年纪遇到疼爱我的园长妈妈、李老师，还有可爱的舅舅舅妈。18 岁的我懵懂无知，你们教会了我成长。我喜欢这个大家庭的一切！

朱正荣 坚守岗位、定期巡逻，保护好每一个孩子。金果果的每一个孩子，都是一个含苞待放的花骨朵，那么美丽，那么可爱！愿孩子们在金果果收获真情，收获成长。

家园共育中如孩子般开心的爸爸们

续写学习交流的每一次出行

陕小霞 生活中，做个正直的人；工作中，做个踏实的人。用快乐的音符，启迪孩子们的心灵，让他们拥有一个真、善、美的小世界！用心调理孩子们的营养，孩子们的健康成长从我做起！

丁孝娇 教育者最可贵的品质之一就是对孩子们深沉的爱，兼有父母的亲昵、温存和睿智，严厉与严格要求相结合的爱。金果果幼儿园，是一座开心的乐园，是一个充满爱的大家庭，愿每一个小宝贝，在这里收获喜悦，快乐成长。

张兴兴 结缘两年多，从初始的职业到现在的事业、从一切随缘到亲爱热爱，金果果成就了我的现在，我见证了金果果的迅速发展！一个神奇有爱的平台，一个可亲可敬的大家长，一伙如花一般的同心人……不是所有的幼儿园都叫金果果，祝愿我的金果果日新月异、永创辉煌。

马小玲 幼儿园的小院充满阳光，葡萄挂满枝头，一切都暖暖的。我是如此的幸运，遇到热爱的工作，遇到家人般的同事，遇到可爱的孩子们。这里不仅让我们成长，也记录着每一个孩子的成长足迹。愿金娃娃茁壮成长，愿金果果人越来越优秀，祝愿这颗果果星，照亮所有家庭。

曹荣荣 我爱这份职业，爱每一个脸带笑容、天真无邪的孩子，当我把每一个孩子都理解为拥有自己的志向和性格特征的鲜活个体时，我才发现热爱孩子和尊重孩子，才是一个老师应采用的最好的教育方式。我是一名幼师，我快乐并自豪。

王亚雄 每一个早起的清晨，满怀期盼与孩子们热情相拥；每一个不眠的夜晚，脑海中总想起宝贝们幼稚可爱的笑脸；因为热爱，所以每一次做事用心、细心，肩负着作为一名最美幼师的职责。

祁树霞 “牡丹随处有，胜绝是河州，临夏金果果，幸福的花园”！我庆幸走进金果果，我会永远把爱撒向每一个金娃娃，用心挖掘、用爱呵护、用执着凝聚真诚、用真诚抒写快乐，给孩子的童年插上梦想的翅膀。

胡婷婷　教育就是走进孩子的世界，爱着孩子所爱，乐着孩子所乐，痛着孩子所痛，一起成长！我们幼儿园走过了风风雨雨的十年，整整十年的奋力前行，让幼儿园成为一片沃土，老师是辛勤的园丁！建园十年了，这里承载了笑声、回忆！

金果果的亲子活动

绽媛媛　我的金果果是那么坚强，十年风雨，咬牙坚持只为心中的梦想！十年耕耘，同舟共济只为守护那份童真！我的金果果是那么温暖，十年岁月，承载着无数人的梦想！往后无数的十年，我的金果果，一定会越来越好！

胡青青　人这一生有许多的选择，但真正能选择到自己喜欢并能以此为荣的却少之又少。我很庆幸自己遇到这么一个优秀的团队，让我的生活和工作可以并存的团队，在此也希望我们的团队越来越优秀，孩子越来越幸福，老师越来越专业。

林　苗　金果果是一个神奇的地方，她的神奇在于，在这里每天能看到孩子们笑靥如花，自己在不知不觉中成长。金果果给了孩子们温暖的怀抱，给了孩子发挥想象力、创造力的平台，愿这个充满温暖阳光的地方越来越美好……

范国晶　每天清晨，我踏着轻快的步子来到幼儿园，看着一张张纯净的笑脸跟我打招呼，我觉得世界是如此美好，心情是如此舒畅！每当看到孩子们纯真的笑脸，每次见证孩子们成长的足迹，看到家长充满谢意的脸庞，看到自己有所成长……觉得自己是一个幸福的幼师。

马小妹　和我的金果果幼儿园一起工作生活了一年，这一年里见证了金果果的发展，在这个平台里我成长，我有收获，在这里结交了一群好友。一条路，一辈子，一起走！加油，我的金果果。

赵心霞　很幸运我能够留在这个大家庭里，在这短暂的一个多月里，我最想感谢园长妈妈，是她愿意伸出手鼓励我给我希望；是她愿意给予我拥抱温暖我，使我更加坚强和自信！感谢金果果的家人们，给予我的帮助和照顾，还有金娃娃们带给我的快乐！我会努力，为遇见更好的自己！

李　丽　迎着第一缕阳光，我最想看到的就是你们的身影，最想听到的就是你们的声音。我愿你们像小鸟一样叽叽喳喳地围在我身边，亲爱的孩子们，你们知道吗？只有你们快乐，我才会快乐！我们只有爱孩子，才能把自己的心给孩子，用微笑温暖心灵，用爱善待孩子。

居临丽　当我第一天加入金果果时，就感受到孩子们爱说爱笑的性格，经过一段时间相处，发现孩子的各项能力在不断发展，和老师能愉快地交流，同事之间还互相帮助，做力所能及的事。期望小可爱们无忧无虑，开心度过每一天！

祁文娟　来到金果果已经三年了，从刚走进金果果看见院子里的那棵葡萄树开始，我慢慢地喜欢上这里的一切，喜欢为我们负重前行的园长妈妈，喜欢我们相亲相爱的每一位兄弟姐妹，喜欢金果果里的金娃娃！临夏金果果，幸福的花园，愿金果果的明天更美好！

唐红玉　喜欢你们甜甜地、稚嫩地叫我老师，喜欢你们每天沐浴阳光，笑靥如花，感谢你们传递给我的幸福感！祝福你们，我亲爱的孩子们，愿你们健康茁壮地成长！

张瑞娜　我喜欢我正在从事的这份职业，它对于我来说并不仅仅只是一份工作，更是我幸福的源泉。看到金娃娃的成长，金娃娃们对我的每一次微笑、每一个拥抱，我很欣慰。我亲爱的孩子们，期待未来的你们华丽绽放。

鲁晓晴　作为一名幼教工作者，我会继续用全身心的爱和认真负责的态度，引导孩子们全面发展、健康成长。在金果果幼儿园里我们的笑容灿烂，我们的大家庭温馨快乐，我们的生活也开始变得更加绚丽！

马小霞　来到这充满纯真笑脸的孩子世界，我播下了爱的种子。院子里的葡萄树格外具有生命力，如孩子们一天天地长大。接下来的日子里，我会用心关注每个孩子，用爱塑造每一个孩子的心灵，愿孩子们的生活更精彩！

文海丽　爱在金果果，情在你我间！庆幸自己在这片沃土里开花、结果，就让我们永远相守在一起，未来的日子里继续播撒新的希望、沐浴爱的暖阳，保持人性里最美的光，永远纯真、赤诚、友爱、温暖如初！你是爱，是暖，是希望！感恩所有遇见。

沙梅兰 时光飞逝，已经在这里坚定地走过了九年的风风雨雨，第十年，依然在这里。喜欢做厨师，喜欢看到孩子们吃饭时的模样，内心很充实和喜悦，我愿做个踏实、正直的人，给孩子们做各种营养丰富、可口多样、容易消化的饭菜，愿孩子们更健康！

马文秀 五年的时光特别开心，因为这是一个充满爱的大家庭，喜欢跟年轻的同事们一起进步和成长，和她们在一起时，我的心态也越来越年轻了，看到孩子们在院子里活蹦乱跳的样子，我感到很幸福！

为了用歌声点燃金娃娃全力以赴

朱丽娟 不忘初心，感动于心！转眼在金果果这个大家庭已四年有余，在这里我是我们团队中身份比较特殊的一个成员——军嫂，因此，我也是那个被特殊照顾的人（包括我的孩子）。一路走来，在学习过程中，我遇见了更好的自己，学习也充实了我的生活，感谢金果果平台给我成长的机会！

赵　娟 这里是我梦想起航的地方，是我一直坚守的港湾。我上学时梦想当一名老师的初心依然，我将用心去对待每个孩子，用爱去守护每个孩子，祝愿每一个孩子健康快乐地成长！ 愿我们扬起信念的风帆，载着希望的梦幻，驶向梦想的海洋！愿我们在筑梦的路上永葆一颗善良之心！

辛丹丹 如果让我感恩一次遇见，那就是在这里，遇见了你们，就像冬日的阳光照进窗户，夏日的微风拂过梧桐，你们可爱纯净，你们烂漫天真。感恩遇见，感恩你们，感恩金果果，让我们在茫茫人海中相逢！一群人，一条路，一辈子，一起走！

李小娟 带着对未来的憧憬和希望，来到了金果果，刚来时我感觉有困难，面对新工作，面对性格各异的孩子，不知到底从哪里下手。今天，看着孩子们可爱的笑脸，老师们的热情与关照，让我更加坚定了我的选择，我满怀期望，我珍惜跟孩子们的每一天。

张　丽 今天又是美好的一天，迎着点点灯光我已经开始揉面了，想想等会孩子们吃到我做的早餐时的表情，我的心里也乐开了花。每一天，每一年，孩子的笑声和老师对我厨艺的肯定，让我信心满满。我的金果果，我的孩子们，愿你们走向辉煌！

王婷婷 虽然我只经历了金果果的两年，但是这两年我成长最多；记忆深刻的两年，忘不了为了我们的孩子更好的发展，我们一起奋斗的点点滴滴。金果果已然成为我生命中最重要的地方，在这里我要继续谱写新的篇章，继续我们之间的一个个十年之约。

王　胜 早晨迎着太阳而来，下午带着收获而归，你们的每一天，也成为我的每一天，充满了歌声和欢乐。天天和你们在一起，我很高兴，我的使命就是守护你们的安全，平安上学、安全回家，这是我的愿望。

马彩霞 解惑答疑探真理、传道授业育桃李，这是我作为一名教师的初心。我热爱教师这一职业，喜欢孩子，所以我走进这里。这是一片神圣的沃土，播撒着希望；这是一片欢乐的天地，到处洋溢着欢歌。看到你们一张张纯真的笑脸，我更加坚信我的选择，你们是我的希望，我将用爱心呵护你们。

董海红 初到时我是一个懵懂的人，老师们积极帮助我，我也积极参加讲座及培训，受益颇多，获益匪浅。非常感谢我们的张园长，感谢在金果果遇到的每一个人。今天，幼儿园是我的另一个家，有我可爱的家人。

赵连迅 我很庆幸来到一个身边充满纯真笑脸和稚嫩声音的世界，院里的树叶黄了绿，绿了又黄，孩子们一天天长大长高，不变的是我们仍要用心呵护一颗颗珍贵而又晶莹剔透的童心，用爱的火焰照亮孩子的心，用我们的爱心换取家长们的放心，只有孩子们每天的开心才是我们最大的安心。

杨莎莎 人的一生中会遇到很多人，有些人教你善良，有些人会为你指引迷航，所有的一切都是必然的，金果果带给我的不仅仅是财富，更是内心的每一次觉悟、自省以及感恩，金果果成就了今天自信的我。

米润润 转眼，我加入金果果团队已一年半了，刚开始的我羞涩、内向、不善于表达，现在的我活泼、开朗、自信，这一切都来源于金果果平台给予我的成长。有些人注重颜值与身材，虽说我既无颜值又无身材，但大脑里的东西是比任何外在的东西都重要的！

马燕红 我们之所以相遇，是因为我听到了你的呼唤。每天陪你们的日子特别舒心，虽然累但心是暖暖的；喜欢看你们夸张的笑，喜欢你们的语出惊人，喜欢一切的一切；我可爱的孩子，愿你成长的每一个驿站，都有关爱的情怀。人生很长，我们一起走。

王翠翠 也许梦想，不仅仅只是为了拿来实现的，而是有一件事情，在远远的地方提醒我们，我们可以去努力，可以变成更好的人。得到必须付出，付出要学会坚持，如果觉得很难要放弃，但放弃了就不要抱怨。人生就是这样，每个人都是通过自己的努力，去决定自己生活的样子。

徐军霞 幼儿园里的孩子就像自己的孩子，幼儿园就像自己的家。每一天很快乐、很充实，看到幼儿园发展得越来越好，我也更加努力充实自己，让孩子们的收获越来越多。让我们一起营造爱的环境，让我们一起走近、理解、倾听、欣赏、鼓励，放飞希望，去把握现代教育的精髓！

黎　洁 十年的经历、发展，十年的岁月，金果果是我人生起飞的一个平台，在包容的胸怀、真心的教诲、感动的关怀下，我得到了展示自我的空间和机会。希望在以后的日子里同努力、共欢笑，开启新的希望。

黎小娟 从懵懂无知到成长、进步，再到对金果果的热爱以及对小朋友的喜欢，只有两个字——感恩！既然选择，便会耕耘，只要投入过、付出过、拥有过，我相信，孩子们会在我生命的五线谱上谱出动人的旋律，梦想开始的地方也是我人生旅途的转折点。

樊元元 时光荏苒，转眼来到这个大家庭已经三年了，这三年来收获了太多太多的幸福和感动，孩子们常说，“幼儿园像我家，老师爱我，我爱她！”幼儿园也是我的家，在这里我们收获了幸福，收获了感动。愿永远桃李满园！

李文巍 走近孩子，理解孩子，倾听孩子，相信孩子，把爱撒向每一个孩子，把方便留给每一位家长。勤勤恳恳做事，认认真真做人，以一颗平常心对生活中的人和事，善待他人，在工作中发现快乐，发现美，工作并快乐着。

一杰家庭教育培训师研修班(第9期)
主办:一杰早期教育(www.yijie.org)
时间:2019年8月3日—5日　地点:西安

值得珍惜的分分秒秒

金果果家长聆听林教授讲座

快乐出行，美好陪伴

拜丽君 一群人，一辈子，一条路，一起走！两年之余，从胆怯到满怀信心，在这个让人飞速成长的平台、有爱的大家庭里，我同孩子们一起哭笑，我热爱这份神圣的职业，我会用我的爱心和耐心爱护孩子。

加油，为梦想努力

程玉霞 当我在人生的十字路口迷茫、徘徊时，走进了你的怀抱，你让我坚强、让我勇敢、让我有了生活的快乐和努力的方向。在多彩的人生路上，我会坚持不懈，走出一条属于我的人生之路。

马艳玲 我很庆幸在自己最美的时光中遇到了最可爱的人们，做自己喜欢的事情，对生活充满信心，即使现在不是很优秀，但我仍然努力。现在的我也很知足，每天看到孩子们稚嫩的笑脸，我便忘记烦恼，觉得为他们做什么都是应该的，也想把最好的给他们。

马蓉蓉　很荣幸融入这个大家庭，这里有一群可爱的人，她们拥有着一颗童心，爱孩子是她们唯一的宗旨，用心关注、接纳、体会，把爱心献给孩子把诚信献给家长。蛇无头而不行，鸟无翅而不飞，感谢园长妈妈的引领，感谢并肩作战的小伙伴们，不忘初心方得始终。

参加各类活动，积累美好

张海珍　相遇三年，我见证着变化，也在培养下成长，我知道这一切都不是偶然，注定我与金果果有不平凡的情缘，这里有我的青春和喜爱的孩子及一切。在这样的团队里，我在逐渐变得强大。一群人做着自己喜欢的事，同时也享受着快乐，一切都那么好，愿金果果人都被温柔以待！

美好瞬间，快乐童年

肖红红　第一次接触孩子，第一次开家长会……三年后的今天，第一次当金果果幼儿园的年会主持人，第一次当班主任，第一次独立完成各种挑战……我看到了不一样的自己，金果果给予我自信、阳光！把努力当成一种习惯，未来可期，愿下一个三年我仍在金果果里绽放！

在责任心、自然心、爱心的学习路上

张艳红　在这个大家庭中，我们将用最真挚的爱心为孩子们创造出快乐的每一天。不管未来有多长久，请珍惜相聚的每一刻，不管春夏秋冬，我们是永远的朋友！

李　莉　白驹过隙，金果果已经走过了十年，一日又一日，日落日起；一年又一年，风风雨雨。从一所园到三所园，金果果在不断攀登、跨越、发展，在这个温暖又和谐的大家庭里，成长离不开勤奋、踏实、稳健。

马丽娜　在这两年零三个月里，我在成长。感谢每一位金果果人一次次的帮助和关注，你们都是与我并肩作战的好同事，让我不仅学到了知识，还有感恩。并不是所有人能遇上自己想要坚持一生的事业，而我比较幸运！

王举鹏　这就是金果果，在这里你会遇到一群可爱的人。金果果会点燃你的激情，会唤醒你的责任，会赋予你一个使命。一个人是谁不重要，重要的是站在那里的时候，身后站着一群什么样的人、一个什么样的团队。选择一个团队，选择志同道合的伙伴，就是选择了成功，2019年流汗不留憾，齐心协力，创造奇迹！

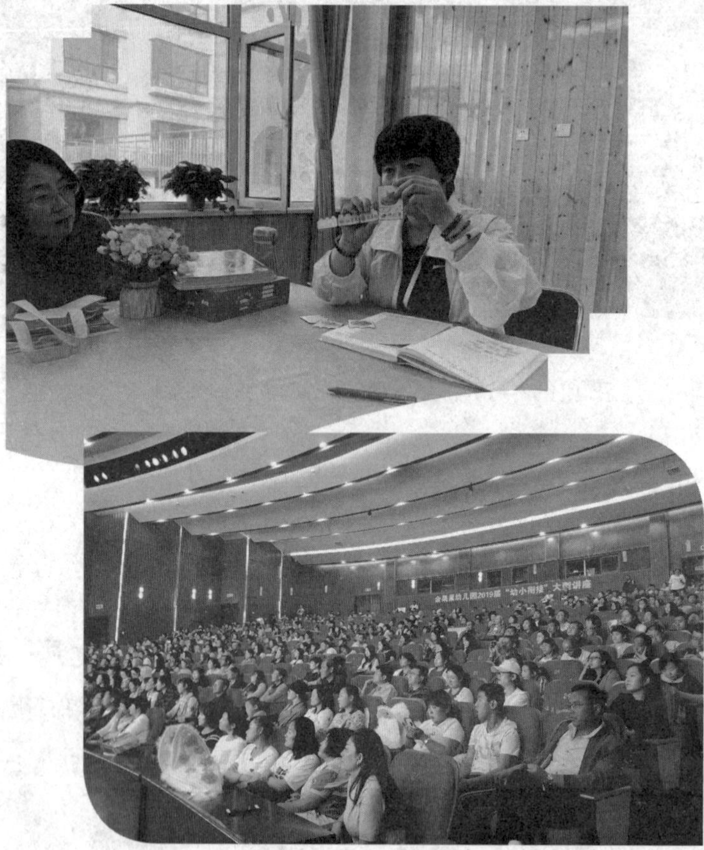

聆听也是一种学习的模式

参加国际幼儿教育研讨会，与林教授合影

与严虎博士合影

张燕燕夫妻国外研学的留影

与王宁老师的开心一刻

回娟娟 美好希望是要靠奋斗实现的，厨海无崖乐作舟，书山有路趣为径，低碳餐饮的过程是艰辛的。爱厨房，梦想是甜蜜的；爱生活，未来是色彩斑斓的；节能减排，烹饪美味人生哺育祖国蓓蕾！

胡国兰 很幸运自己是金果果的见证者，一路走来，从艰辛到成功，不管有多苦，张园长都坚持下来成为最终的胜利者。我会一直在金果果，见证喜怒哀乐；我会一直在金果果，这是我的承诺，也是我的誓言！

白　霞 一个人能走多远，要看与谁同行；一个人有多优秀，要看有谁指点；一个人有多成功，要看有谁相伴；感恩父母带给我生命，感恩金果果让我点亮心中的那盏灯，感恩所有助我一路成长的每一个人，最好的回报就是不辜负！

缘分的空间，相识相遇是缘

一字字，一句句，一段段，金果果人的心语心愿，平仄出一个别样的天地，那是贴着金果果标签的舞台，渗透温暖与温情的一个舞台！

人的一生总是需要心灵上的指引者，也需要灵魂的摆渡者，张燕燕既是很多人的指引者又是自己的摆渡人，为了金果果，张燕燕在努力超越。

四季的风里，金果果人是金贵的，与他们的金娃娃一样，在越来越柔软的故事里，平平仄仄出一个别样的金果果。

四季的阳光下，别样的金果果，在张燕燕那朵铿锵玫瑰的引领下，芳香四溢，花团锦簇！

那么，唱一首关于春天的情歌，以此祝福张燕燕，祝福金果果，祝福金果果人，祝福金娃娃！

灵魂的低语或倾听（代后记）

李萍

时间都去哪儿了？我有时候在扪心自问。

时间能去哪儿呢，还不是被自己挥霍了！我有时候自问自答意犹未尽。

一直以来，有时很无知，无数个无知叠加，便是一个无知又无知的我。

不知无知又无知之上，我是否面目可憎？不敢想，也不去想，或许某一天会幡然醒悟，或许一直无从知晓。

生活是需要温情与激情的，我的文字也需要。

我常常陷入自私，常常沉湎于自己的文字，常常沉入灵魂游走。我深知自己的文字一般般，但对自己很宽容，在面对人生需要减法需要断舍离时，我却连自己断了的一点指甲都舍不得而放置多日，何况舍弃我的文字！

这个人世间，我的不舍与痴迷隐藏在生活里，潜行，躲着一些目光，无知外还有愚笨和好奇，一切那么的理所当然。

想想晴雯在离开之际，咬下自己的指甲送给宝玉，那是何等的痴情与率性？

赤霞仙子也好，绛珠草也罢，空空道人自有他的理由看破红尘。

偃鼠饮河不过饱腹，我们凡人又何尝不是呢？

我的思绪很多时候天马行空，虽心知肚明却一意孤行，常常乐此不彼。

秋风呢喃的诗句，我听得句句深刻又漫不经心，也挥霍得随心所欲，一点也不心疼。其实，有时候特别疼，只是没有流露。

生活里的深刻与漫不经心，似乎是为了更多的深刻与漫不经心。

我常常遗忘，一些疾病的暗喻与痛的流言蜚语，只是挥霍了我的一些光阴。那些珍贵的时间碎片里，我慌不择路地遗忘、敷衍风花雪月的散文诗与江河湖海的传记，遇见的缘浅缘深与邂逅的缘来缘去，是文字游戏里不按常理出牌的闲言碎语。

我喜欢那些遗忘，也在遗忘里喜欢，丢了自己也毫不犹豫地饮下文字的毒。

断舍离于我似乎是碎碎念，虽一直努力，却收效甚微。

总是舍不得，甚至一片秋天的落叶也要捡拾，夹在书页，慰藉一颗心的敏感与脆弱。每每面对有温度、有温情、有深度、有厚度的人和事，我常常感动，甚至热泪盈眶，数日无法释怀。

深恶痛绝自己的虚伪和虚荣，我试图通过特殊的方式留存至纯至真的那份情愫，可是我身无绝技，只能用文字，也只有在文字里让自己做一个有温度、有厚度的人，让灵魂有趣，让灵魂灼灼其华。

用心读取夜的黑与光的暖，用爱阅读人世间的奢华与朴素，有那么一刻我是个简单的人，也有那么一刻我似乎复杂、敏感、多疑，行事优柔寡断、举棋不定，或多或少地郁郁寡欢，席卷一切并叠加在我的中年，让我的文字时而荒诞时而不得要领，甚至离题万里。

一切就像一部电影，就像一部连续剧，上演得匆忙。主角或配角的表演，总是那么上心也那么用心。场记是时光的留声机，悲喜剧都是关爱，主题的艺术性与观赏性和故事性，都有时代性。

一切似乎寡淡又不寡淡，情感的珍贵度被风把握得很精妙也很到位。

一切奢侈又很简单，在阳光下发呆在晨风中听鸟鸣，在微雨中漫步在雪野过滤人生，在踏青赏秋或听雪中想念一些人，人生的欢喜悲忧，万千滋味里对于尊敬与仰慕、对于感恩与感谢，我想从我的或朴素或妖艳或直白或芳香的文字里，是能捕捉到我的心与灵魂的真，当然也能读懂我！

熟悉的景致熟稔我的目光与思维，我不会就此停歇，我依旧会用我的文字晕染我的余生，愿书香隐藏的乡愁里，真善美是永远的主题。

生活就是这般感性又理性，我的散文诗在摇曳在跨越自我，那么，让我诉说或歌唱——

风呼啸着穿过我的纸端时，我在信手翻一本新的台历，假装娴熟。

一页，两页。每一页像一个孩子，快乐，忧伤，孤独，重复着简单与不简单。翻开，合上，轰轰烈烈的一年，翻得四周一片寂静。

一首曲，一杯咖啡，慵懒是阳台上一杯隔夜茶。数着心情漠视窗外风吹一树的繁花。

安静。静寂。台历哗哗，流水声响，我是唯一的听众。

我用墨镜遮挡记忆，为了一月的风刮不疼双眼。

路过的风，过路的风，蔓延忧伤。

隔着黄昏，隔着昏黄，我在倾听或讲述。

野花入眠的晨昏，城市的风在想念。想念是草尖上的露珠，夜里挥毫泼墨星光讲不完的故事。

梦从梦中醒来，按部就班。我醒了睡，睡了醒。万千故事巡游激烈，或许累了，一层一层卸下铠甲，与我对视。我有些骄傲，所以淡定的有些骄傲。

我不介意日历翻耕的季节，也不介意开花的乡愁袭击掌心的云朵，只是固执地在城里写着乡下童年。

我也不介意，青梅与竹马远去。

我更不介意，寂静唯美的日子，那片蓝说的情话，山野写下晨色的微凉。

长久以来，日子因为动情流泪，那是我始料未及的，感动的极简。

一些花朵在盛开，一些在凋零。盛开与凋零，安慰放弃的一些自由。于是，我会听夜风讲述。言语犀利，似那些日子里游走的逐字逐句。

麻雀是安静盛开的花朵，叽叽喳喳，在大地的宣纸上纷繁又缤纷出赤橙红黄蓝绿紫。

忘却也是一朵花。忘却一切忘却时，岁岁年年的站台热闹的安静，酷似一个哑剧。

经年的素简，隔着一些回不到从前的情愫，在长发及腰的故事里走远。或许转身就是陌路。

安静耳语：离开这个黄昏，去寻找你去的方向。

我捂着心跳，吸附全部的清静。我合上台历，如同合上打开的心事。静寂完美静寂。

安静里，我撕下伪装。去伪存真！

狠心，可怕，伪装者，令人失望……面对诸如此类的词语，是否也要去伪存真呢？夜无论多深，揭开伪装的羽衣，大地对天空的尊重和理解成为最温情脉脉的倾诉。渐行渐远的，是季节对风叠加的思念。

词语依次渗出灰色的故事，我突然失声，对着镜子说不出话。

然后，然后吞服止痛药。氨酚待因片是最好的止痛片，头疼，牙疼，胃疼，世上所有的疼，包括心疼。一次两片。

如果某个季节的心疼了，我买两盒，兑水喷洒，如此，所有的疼都不是疼，包括秘密。我的秘密风知道，我的秘密是一曲挽歌，是一朵花。我的秘密盛开时，我的秘密不是秘密时，我在书写我在行走。

素年里的一些俗念，开始认真。

有些认真凌乱，或成景，或一片混乱。

爱在游走，不留缝隙。风吹暖的时空，胸膛贴着花朵和流水的叹息，那些故事足以证明爱的深沉和善良。那么，就允许人世间的善良，写出行云流水的爱，以微笑或安静，以遥远或咫尺。

山水的相对，沉默是温情的诉说！两种心情在置换，暴露，延伸。

穿越一个城市，不需要全部。赤壁红，烟柳绿。迷雾蒙蒙，影影绰绰。黄河青绿，一路欢歌穿城而过。

风激励温暖和温情唱着歌谣，我在不老的歌谣里习惯沉默，与记录的习惯一起披上习惯的外衣。

辽阔的荒芜。荒芜的辽阔。春风，度与不度，我随心所欲调换模式。极简与纷繁。

爱在蓬勃地生长，朴素生长。光阴拽着我行走人间，惊奇，凝神，伫立。在静修面前没有底气。

一枚叶子醒来，嫩芽舒展着无法预知的青春。

日子一天天醒来，我一次次饮下文字的毒。游弋在温暖铺排的字里行间，无法拒绝感动。

所以我在假装。假装成一枚叶子，假装成一只工蜂，还假装成云朵下的风筝。即使假装，穿过大半个陌生，找寻那些我身边的人唱的恋歌……

阳光醒来又入睡。一些鸟雀在歌唱，阳台上步步挪移的温暖，似有曲终人散的味道。漂泊也始于阳台？我有些忧伤。

远行的背包在一个傍晚装好。南之南，西之西。行囊嵌入的乡愁，想象在反复。没有雕琢的月色，想念让一个个黄昏端坐。

我没有忘记自己，灵魂一直醒着。

风在生长，婀娜，妖娆，简单，张扬。愤怒，温柔，笑语盈盈。暗香的羽翅掠过村庄，穿过城市，翻山越岭，抵达心之高地。

越来越柔软的风，平平仄仄出一个别样的初春。仄仄平平，平平仄仄，空虚被流水漂白，温暖揉成的情歌，也开始平平仄仄，于是，云朵的垂爱在风中复活，我行走的方式也平平仄仄里腾跃。

我开始做梦。哼唱，涂抹，低语。

风愈发纤瘦时，我在文学梦里穿行；风打扮的越好看时，我依然在做与文字与光影有关的梦。

村庄，小城。背影，目光。反复切割梦的版图，风忽而安静时，我在梦里折叠往昔，有时泪流满面。

彼此的成全，就是这个世上对生命最好最真最纯的誓言！

感谢成全！一切成全都那么诗意，那么有温度有厚度……

文字吻着一枚叶子、吻着高贵的灵魂，用金子一样的沉默沉醉你或是他或是我，以此让灵魂深情款款，或倾听，或低语，或倾诉。

你信与不信，你喜与不喜，我依然是我，初心初衷依旧。

此去经年，雪落中年，雨洗山野，风吹麦浪，云卷云舒，我行我素，直到我远去……